Le Livre de Poche
Jeunesse

Bernard Lorraine a d'abord été comédien et chansonnier, il a ensuite travaillé douze ans en Amérique latine, puis il est revenu enseigner dans sa province natale.

Poète, traducteur, anthologiste, il a publié une vingtaine de recueils personnels.

Une Europe des poètes

Titres parus dans la série
Fleurs d'encre
dirigée par Jacques Charpentreau

DANS LA COLLECTION LE LIVRE DE POCHE JEUNESSE:

Pierre CORAN
Jaffabules.
Inédit.
Grand Prix de Poésie pour la Jeunesse.

Jacques CHARPENTREAU
Prête-moi ta plume.
Inédit.

———

FLORILÈGES
Les animaux des poètes.

*

L'école des poètes.

*

Les éléments des poètes :
l'air, la terre, l'eau, le feu.

*

Demain dès l'aube...
Les cent plus beaux poèmes.
Inédits.

*

L'écharpe d'iris.
Inédits.
Les plus beaux poèmes du Grand Prix de Poésie pour la Jeunesse.

*

La cigale, le renard et les autres.
100 fabulistes, 250 fables.

EN ALBUM ILLUSTRÉ:
Poèmes pour toi, maman.

Une Europe des poètes

poèmes réunis et présentés par
Bernard Lorraine

Édition bilingue

Illustrations de Gabriel Lefebvre

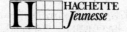

HACHETTE Jeunesse

Une Europe des poètes

L'Europe est une réalité géographique de dix millions de kilomètres carrés à l'extrémité d'un vaste continent, rattachée à l'immensité de l'Asie.

L'Europe est un espace historique où se sont affrontés au cours des siècles des peuples de langues et de coutumes diverses.

L'Europe est une nécessité économique où douze pays veulent mettre en commun leur travail, leurs richesses, leur marché. Et bientôt, peut-être, d'autres pays les rejoindront.

La géographie, l'histoire, l'économie réunissent les Européens.

Mais l'Europe, c'est aussi une volonté commune, un espoir, un rêve d'amitié, une invention.

L'Europe du bonheur est toujours une idée neuve.

Malgré les langues si diverses, l'Europe se reconnaît peu à peu une même culture.

Sur cette péninsule où se sont heurtés les Ibères, les Celtes, les Latins, les Hellènes, les Germains, les Slaves, les Magyars, les Mongols, les Turcs, les Finnois, etc. — leurs héritiers d'aujourd'hui ne s'affrontent plus mais s'unissent, s'écoutent, se découvrent.

Voilà longtemps que l'art et la culture, en avance sur les hommes politiques, débordent les frontières. Peut-être l'Europe n'est-elle d'ailleurs qu'une étape.

Nous la franchissons.

Les frontières s'abolissent, l'Europe devient notre espace de vie commune, issus d'une même histoire nous nous reconnaissons un même destin. Nous inventons une même culture.

Mais l'Europe unie n'est pas uniforme.

À travers l'Europe, chacun dans sa langue, les poètes constituent notre culture commune, tout en sauvegardant l'originalité irremplaçable du chant poétique de chaque pays.

Voici donc des poèmes choisis parmi les plus beaux de notre patrimoine inépuisable en sa diversité. Ce sont toujours des poètes qui les ont traduits en français, qui les ont adaptés à notre langue : avec d'autres mots, ils savent redire un autre chant, le même pourtant, le reprendre, le poursuivre, le partager. Nous n'avons retenu que des traductions respectant l'esprit du poème original, des traductions de poètes : de vraies traductions.

L'Europe de la poésie n'a pas la puissance de l'Europe de l'industrie, de la banque, du commerce, des finances ; mais, avec elle, c'est l'Europe de la culture qui porte toute notre espérance. L'Europe du cœur.

Cette Europe, c'est nous qui la faisons, nous, les Européens, nous qui savons que par l'Europe nous sommes aussi des citoyens du monde.

Europe,
ma patrie

En plantant le chêne des États-Unis d'Europe

...

Ô nature, il s'agit de faire un arbre énorme,
Mouvant comme aujourd'hui, puissant comme
[demain,
Figurant par sa feuille et sa taille et sa forme
La croissance du genre humain !

Il s'agit de construire un chêne aux bras sans nombre,
Un grand chêne qui puise avec son tronc noueux
De la nuit dans la terre et qui force cette ombre
À s'épanouir dans les cieux !

Il s'agit de bâtir cette œuvre collective
D'un chêne altier, auguste, et par tous conspiré,
L'homme y mettant son souffle et l'océan sa rive,
Et l'astre son rayon sacré !

...

Oh ! qu'il croisse ! qu'il monte aux cieux où sont les
[flammes !
Qu'il ait toujours moins d'ombre et toujours plus
[d'azur,
Cet arbre, en qui, pieux, penchés, vidant nos âmes,
Nous mettons tout l'homme futur !

...

VICTOR HUGO

L'Europe

Depuis cent et cent ans
Que le sang coule en son cœur haletant,
Toujours, malgré les deuils et les fléaux voraces,
Et les guerres criant la haine à travers temps,
Elle éduqua ses races
À ne jamais planter
Les arbres de leur force et de leur volonté
Que dans le jardin clos des réalités sûres.
Clairvoyance, méthode, ordre et mesure.
...

Hâte, calme, prudence, audace,
Fièvre mêlés à la lenteur tenace,
Ô la complexe et formidable ardeur
Pour les luttes et les conquêtes
Que l'Europe porte en sa tête
Et thésaurise dans son cœur !
...

Même la nuit et ses étoiles feudataires
Collaborent, là-haut, avec leurs feux unis,
À la marche tranquille, énorme et solitaire
Des grands vaisseaux pointant leur cap sur l'infini ;
Et les marchands de Londres et les courtiers
                                        [d'Hambourg,
Et ceux qui sont partis de Gênes ou de Marseille,
Et les aventuriers que l'audace conseille,
Et les savants hardis et les émigrants gourds,
Tous, où qu'ils débarquent, passent, luttent,
                                        [s'installent,

Confient aux sols nouveaux des plus lointains pays,
Avec leur fièvre active et leur travail précis,
Le grain qui fit fleurir leur âme occidentale.
...

ÉMILE VERHAEREN

Europe, c'est donc toi...

Europe, c'est donc toi, je te surprends de nuit.
Je vous retrouve dans votre lit parfumé, ô mes
                                              [amours !
J'ai vu la première et la plus avancée
De tes milliards de lumières.
Là, dans ce petit coin de terre, tout rongé
De l'Océan qui embrasse d'immenses îles
Dans les mille replis de ses gouffres inconnus,
Là, sont les nations civilisées,
Avec leurs capitales énormes, si lumineuses, la nuit,
Que même au-dessus des jardins leur ciel est rose.
Les banlieues se prolongent dans les prairies
                                              [teigneuses,
Les réverbères éclairent les routes au-delà des portes ;
Les trains illuminés glissent dans les tranchées ;
Les wagons-restaurants sont pleins de gens à table ;
Les voitures, en rangs noirs, attendent
Que les gens sortent des théâtres, dont les façades
Se dressent toutes blanches sous la lumière électrique
Qui siffle dans les globes laiteux incandescents.
Les villes tachent la nuit comme des constellations :
Il y en a au sommet des montagnes,
À la source des fleuves, au milieu des plaines,
Et dans les eaux mêmes, où elles mirent leurs feux
                                              [rouges.

VALERY LARBAUD

Conjuration

Une assemblée de jours chante l'Europe pacifique.

J'ai vu les pommiers en fleurs dans les vallées
                                        [ennemies,
Et, par le vent de Juin, les pennons, en haut des
                                        [navires,
Dardés comme les langues d'un printemps qui avait
                                        [soif.

J'étais avec la foule qui regarda tout un soir
Arriver à la mer le Rhin chargé de nations,
Ses eaux charriant les frontières comme des épaves.

Le pont de bateaux à Cologne, je l'ai vu s'ouvrir
Pour un vapeur criard qui s'en allait vers Rotterdam.

J'étais déjà sur le pont, j'avais le pied sur les planches ;
J'ai bien entendu les ais craquer dans l'eau
                                        [clapotante ;
Et j'ai revu, au même instant, un autre geste illustre :
Tower Bridge en deux, dont les moitiés supplient le
                                        [ciel.

                                        JULES ROMAINS

Invocation

Partout je t'ai cherchée, Europe.
J'ai tâté le sable et le roc
Dont tu fatigues l'océan ;
C'est mon âme la plus allègre
Qu'ont balancée à marée haute
Les débarcadères grinçants.

Je fus le passant efficace
Qu'un sol ne porte pas en vain.
Tes contours, j'ai voulu les voir ;
Tes limites m'ont fait plaisir.

Fumée au loin ! Amont des fleuves !
Comme un bras nu de paysan
Plonge dans un boisseau d'avoine,
J'ai fouillé dans ton épaisseur.

Sous mes doigts, j'ai senti rouler
Des pelotonnements de forces
Serrés comme un cocon de soie ;

Et d'autres, qui se dévidaient
En fils mal distincts de l'azur,
J'ai failli de peu les saisir.

Car je n'ai pas eu de paresse.
Les faisceaux de rails et de routes
Qui donnent aux lourdes vallées
Une pulsation de tempes,
Je les connais depuis longtemps.

Je sais leur grosseur et leur sens,
Et les chaleureuses façons
Dont ils se croisent et se tordent.

Je fus moi-même la vitesse
De l'automobile et du train,
L'intention de leurs chemins
Et le chanvre de cette corde.

JULES ROMAINS

L'Europe

« Nations, je vous offre et l'ordre et la beauté
Des ruines qui ont la grâce des jeunes filles
Et mes fleuves semblables aux vers des grands poètes
Et tous mes esclavages, toutes mes royautés,
Tous mes dieux charmants qui sont ma foi, qui sont
                                       [mon art,
Tous ces peuples querelleurs, et des fleurs odorantes.
Vous, Églises, où tes aïeules et tes croyants venaient
                                       [s'agenouiller,
Ô vieilles maisons, nourrices du progrès,
Carrefours où les âges choisirent leur route et s'en
                                       [allèrent
Patries, Patries, Patries dont les drapeaux me vêtent,
Fantômes, ô forêt du génie où chaque arbre est un
                                       [nom d'homme,
Forêt qui marches à reculons sans que tu t'éloignes,
Je suis tous les fantômes, tous les ombrages,
Les patries, les villes, les champs de bataille,
Amérique, ô ma fille et celle de Colomb. »

GUILLAUME APOLLINAIRE

Europe

Arbre mutilé, maintenant sois libre !

Arbre écartelé par leurs convoitises,
Tes bras déchirés, tes bras ennemis
Fais-les se nouer, se croiser, s'étreindre,
Se quitter, se tordre et se prendre encore
De telle façon que tu ne sois plus
Un déploiement de forces divergentes,
Mais un seul destin, un amour, un arbre !

CHARLES VILDRAC

Et revoici l'Europe, ta patrie

Europe, ce matin je pense à vous comme un enfant qui
   s'éveille
Et comment saurait-il s'il se souvient seulement de
   vous ou s'il a rêvé vos merveilles ?

Je t'aime, Europe. Tu m'appelles comme un ordre
   appelle. Tu m'aspires
Comme le fétu qui flottait, la creuse paix des profondeurs l'aspire.
...

Europe, vous étiez la steppe où galopaient les Bar-
   bares hauts et blonds,
Mais je vous vois, Europe, aujourd'hui, soumise à de
   nouvelles possessions.
...

Europe, je pense aux kilomètres de docks qui sont au
   bord de tes fleuves,
Pleins de parfums d'étoiles et de balles de coton, de
   sacs à rêves et de barriques neuves.
Liverpool et Bordeaux, Hambourg et Rotterdam !
Europe, Europe, est-ce là que tu fais peau neuve et
   nouvelle âme ?
Europe, je pense à tes chancelleries pleines de dos-
   siers,
Pleines de cerveaux, de songes embusqués, pleines
   d'acier.
...

Europe pleine de Capitales,

Vous serez dans les légendes le beau monstre polycé-
phale.

Europe, Europe pleine d'aventures, vieille matrice
toujours enceinte,

Europe où pas une terre, au long des temps, qui ne
soit devenue un peu sainte ;

Europe d'où jaillissent le froment de la haine et le
ferment du pardon,

Et la Foi, antidote de la mort, et la Doctrine, sel des
révolutions.

Europe pleine de chants, celui, déchiré, des bateaux et
celui, triomphant, des rives,

Celui des pierres et celui des poumons, celui de l'au-
delà et celui des rotatives ;

Europe, pleine de foules confuses et qui se cherchent
à travers l'amour ;

Europe pleine de génie ; Europe, pleine de détours ;

Europe pleine de moteurs et de crucifix, de tourments
et de veilleuses.

Europe pleine de mains entrelacées et de mitrail-
leuses !

Europe malgré tout, où mon rêve s'exile.

Europe, mon premier et mon dernier asile.

CHARLES PLISNIER

Je rends grâce...

Je rends grâce au démon qui jongle avec les mondes,
de m'avoir mis vivant parmi ce temps qui gronde,
avec des yeux ardents d'espoir
pour voir les efforts unanimes
de l'Europe ressuscitée,
de l'Oural jusqu'aux Pyrénées,
exaspérés, rageurs, sublimes,
contre la Force, pour l'Idée.

PAUL PALGEN

Déployons le drapeau du monde

Je vous entends de chaque peuple maintenant libéré
   faire l'unité de l'Europe que nous chérissons,
Amis de toutes les provinces qui tempèrent l'Occident
   d'une certaine égalité,
Je ne vais pas vous nommer tous aujourd'hui dans
   la communauté qui se fit par notre passion de la
   grandeur humaine,
Puisque, les uns et les autres, nous avons quelque
   chose à dire en façonnant la révolution de notre
   fraternité.
Te voilà donc rassemblé dans la grange, pays d'Europe.
Je dis que tu es la fédération des peuples libérés.
L'Europe commence à signifier qu'il fait jour sur les
   bords.
Déployons le drapeau du monde.

EDMOND HUMEAU

La terre chante

...
Ô continents, soutien de mon front solitaire,
Dites-moi que je suis encore votre mère !
J'ai besoin qu'on me le répète, mes enfants,
Vous qui poussez vos terrasses dans l'océan,
Mon Europe, harmonie oh ! toujours déchirée,
Et renaissante Europe et toujours à l'orée
D'une aurore venant de ton fertile cœur
Fontaine de l'espoir et vieux puits de rancœurs,
Laisse-moi t'apaiser d'une course éternelle
Dans le silence ailé de notre envol sans ailes.
...

JULES SUPERVIELLE

La paix

Les vents se sont calmés dans la nuit d'Angleterre ;
Chèvrefeuille et jasmin, l'air est tout embaumé ;
Les étoiles d'Europe au ciel immense éclairent
De leur vive beauté la douce obscurité.
La lune ombreuse à l'ouest maintenant est montée
Sans lever de rumeur sur ses tranquilles mers ;
D'un mystérieux sommeil son cœur semble bercé,
Profond comme le leur aux ifs du cimetière.

Quiétude. Se sont tus les faucons à présents,
Par-dessus la marée les sourds canons grondeurs,
L'angoisse qui battait la blessure à son flanc...
Tout s'est calmé... Pourtant, n'oublie jamais, ô cœur :
Pour cette paix sont morts les braves, les meilleurs,
Et la rosée se mêle aux gouttes de leur sang.

WALTER DE LA MARE
(Traduction de Jacques Charpentreau)

Quelques mots à l'Europe

Américain des terres pauvres
aux plateaux chargés de métaux,
là où le choc de l'homme contre l'homme
s'ajoute aux coups qu'il reçoit de la terre,
moi l'Américain, moi l'errant,
moi l'orphelin des fleuves, des volcans
qui m'engendrèrent,
c'est à vous, gens d'Europe aux tortueuses villes,
vous, humbles détenteurs de la paix et de l'huile,
vous, sages comme la fumée, sages tranquilles,
c'est à vous que je dis :
« Je suis venu ici
apprendre auprès de vous ! »

Moi l'Américain, moi le fils
des solitudes infinies
je suis venu pour apprendre de vous la vie.
Moi, c'est au miel ancien comme à l'éclat nouveau
de la vie que je suis venu ;
moi, c'est à votre paix, vos portes et vos lampes
allumées que je suis venu ;
vos noces, vos bibliothèques solennelles
que je suis de si loin venu.
J'ai débarqué dans vos ateliers fascinants
pour y travailler un moment
et manger chez les ouvriers.

J'arrive chez vous en témoin
pour visiter votre demeure.
Offrez-moi la paix et le vin.

Je pars demain de bon matin
Et partout au monde m'attend
le printemps.

PABLO NERUDA
(Traduction de Bernard Lorraine)

Hymne à l'Europe future

...
France je t'aime et toujours davantage
mais ton visage épouse exactement
celui de mon plus vaste amour : l'Europe,
l'Europe, comme toi ouverte à tous les vents
et par trois flots marins bordée,
née comme toi de la douleur et du délire,
fille aînée de la Différence.
...

Europe, tes saisons et tes volcans,
la raison de notre raison,
la raison de notre folie,
l'unique réservoir, le puits de vérité.
Ô larmes ! Ô colère ! Ô cendres !
C'était la liberté !
...

Chacun de nous lui a donné
le sens de son propre combat
Ce mot sacré n'a pas pour tous le même poids
mais il est le métal secret
qui brûle dans les veines de nos roches.
Libre, chaque ruisseau suivant sa pente !
Libre, chaque vallon suivant son ombre et son soleil !
Libre, chaque nuance de nos ciels !
...

Libres nos voix de ne pas chanter le même chant
et libres nos penseurs errant vers l'avenir
l'un d'avoir enfanté ses anges
l'autre de vaincre ses démons.
...

J'ai besoin du tourment germanique,
de ta sagesse ô Méditerranée
comme du rêve éternel des Vikings
et ma maison la Maison du Berger
roule sous les climats de la diversité.
...

Qui t'arrache de moi, Europe,
m'arrache mon pays natal
les âges de ma vie
le soleil de mon sang.

JEAN TARDIEU

Ô puzzle enchanté...

Ô puzzle enchanté que j'assemble ce soir
Comme un avare compte et recompte inlassable
Les pièces d'un trésor moins solide que sable
Où pourtant il nourrit et puise son espoir,

Voici tes cieux profonds, voici tes mers de gel
Où le pêcheur têtu creuse un trou pour sa barque,
Voici les Monts Sacrés où se tinrent les Parques,
Voici l'azur, voici le blé, voici le miel,

Voici tes noms aussi, les noms de tes provinces
France Autriche Angleterre Irlande Danemark,
L'Espagne de Lorca, la Grèce de Plutarque,
Cent royaumes d'esprit où chaque homme naît prince.

Et voici tes châteaux que je voyais du ciel,
Tes neiges et tes lacs, tes forêts à foison,
Tes rivages d'argent, la troublante toison
D'étoiles de tes nuits aux reflets d'éternel.

Et ce terreau si bien brassé, si bien mêlé
Du Nord au Sud, d'Est en Ouest, aux quatre vents,
Dont pas un grain n'a ignoré le poids du sang,
Terre pétrie et noble autant qu'un pain de blé.

Arthur Haulot

Europe maigre

Europe qu'un enfant de siècle en siècle sauve
Cirque où les monstres se font vieux
Quand nous donnerez-vous montreurs d'ours clowns
[et fauves
Le grand gala de vos adieux

La dernière séance et son final de drames
Auront-ils fait comprendre assez
Qu'il est temps de changer de cirque et de programme
Que c'est assez de sang versé

GÉRARD PRÉVOT

Ballade du bonheur qui est une idée neuve

Dans cette aurore ténébreuse
Où rôdaient Morgane et Merlin
La thériaque et la tubéreuse
Empoisonnaient l'eau des bassins
Seules les brumes du matin
Effleuraient le secret des fleuves
Dont les noyés ne savaient rien
Le bonheur est une idée neuve

Au creux de la montagne ombreuse
Les esclaves mouraient en vain
Dans les plaines marécageuses
La fièvre raflait son butin
De visages sans lendemains
Et les maîtres faisaient la preuve
Qu'il y a loin du blé au pain
Le bonheur est une idée neuve

Les ruses les plus endormeuses
Des serpents gorgés de venin
Ont le temps des ensorceleuses
Dont les vains bûchers sont éteints
Par les doigts roses du matin
Aujourd'hui qu'il gèle ou qu'il pleuve
La boue est chassée du chemin
Le bonheur est une idée neuve

Envoi

Europe antre noir de la faim
Terre des larmes et des veuves
Voici qu'a tourné ton destin
Le bonheur est une idée neuve

FRANÇOIS MONOD

Voici sur l'Europe nouvelle...

Voici sur l'Europe nouvelle
La rouge aurore se lever,
Elle éveille, frappant son aile,
Les peuples de leur sombre enfer,
Dans la géante République
Qui commence un temps héroïque

LOUISE MICHEL

Europe ma Patrie

Aujourd'hui ce n'est plus aux grelots des pataches
que l'on parcourt l'Europe en crevant ses chevaux
le Trans-Europe-Express galope sans cravache
et transporte béats les messieurs comme il faut

Je chercherai ta voix dans Strasbourg qui oublie
dans un espoir nouveau ses malheurs de naguère
dans la Petite France aux quais de l'Ill jolie
aux Palais de l'Europe où l'Europe s'espère

Je chercherai ta voix dans les grottes magiques
ô taureaux de Lascaux bisons d'Altamira !
dans les forêts du Nord où les Druides sceptiques
faisaient parler la source au nom de l'au-delà

Je chercherai ta voix dans Paris ma patrie
de ce fol Montparnasse à Saint-Germain-des-Prés
où fleurit le talent l'angoisse et la folie
et sur les quais de Seine où rêvent les noyés

Je chercherai ta voix dans Londres plus secrète
où les jeux interdits conservent leur saveur
obscur et merveilleux paradis des poètes
du Soho de Verlaine au Hyde Park corner

Je chercherai ta voix dans Rome aux sept fontaines
où l'odeur de l'été s'effondre dans nos mains
le soir quand les bistrots fleurent la marjolaine
au quartier peuple des forums républicains

Louis-Philippe Kammans

Prière du long courrier

...

Où est la Caravelle qui m'a appris de haut
Que le Danube bleu est brun mais splendide
Et que Patmos, le soir,
Me faisait signe depuis toujours
Dans une mer d'argent à peine ridée.
...

Cette joie de voler sur fond d'angoisse veloutée
Que secoue un orage de nuit au large des Baléares,
Avant les tendres campagnes françaises,
Ces collines entrevues de Cracovie, Pologne hérissée
    d'églises ressuscitées,
Tempelhof effrayant, circulaire, encastré dans un
    océan de maisons berlinoises,
Fins clochers tyroliens qu'un voisin musulman disait
    en riant être des minarets de mosquée,
Crête infiniment longue, Chypre allumée la nuit
    comme une vitrine de joaillier,
Le Parthénon précis, menu comme un ongle d'enfant,
Au-dessus des terrasses d'Athènes...
...

Tout cela paraissait un songe entre vie et mort,
Dans la folle vitesse longtemps immobile
De l'éternité frôlant la terre.

Frédéric Kiesel

Europe

Depuis des siècles attendue,
Te voici donc au rendez-vous,
Europe trouvée et perdue
Par les conquérants et les loups

Aujourd'hui tes fils que rassemble
Un nouveau désir d'être ensemble
Se pressent tous autour de toi

Douze ils sont, comme les apôtres
Et s'entr'aiment, les uns, les autres,
En vivant sous le même toit.

ROBERT HOUDELOT

Allemagne

Allemagne

Bundesrepublik, République Fédérale
356 758 km²
77 744 000 habitants.

Un pays de poètes isolés où la traduction de *la Bible* de Luther (xvᵉ siècle) est à l'origine de la langue, où au xiiᵉ siècle est né le cycle épique des *Nibelungen*, où à la Renaissance le cordonnier Hans Sachs laisse la somme de 4 275 poèmes, où au xviiᵉ siècle, celui de la Guerre de Trente Ans, les figures dominantes du baroque sont celles de Andreas Gryphius, Angelus Silesius et Johann Christian Günther, où le Siècle des Lumières est représenté par Mathias Claudius et Gottfried August Bürger, telle nous apparaît la poésie allemande dans son premier cheminement.

Vient ensuite, au xixᵉ siècle, le Romantisme avec Goethe, le plus grand de son temps, avec Friedrich Schiller, son ami, Novalis, le chantre de la nuit consolatrice, Clemens Brentano et son beau-frère Achim von Arnim, passionnés de folklore, Adalbert von Chamisso, exilé d'origine française, Eichendorff, Hölderlin qui fait cavalier seul, Heinrich Heine le plus parisien et le plus caustique des poètes allemands, enfin Eduard Mörike le doux rêveur.

Nietzsche disparaît à l'aube de notre siècle, ouvrant la voie à un temps riche en poètes dont certains sont d'ores et déjà consacrés : Stefan George divinisé par ses contemporains, inventeur d'un nouveau lyrisme. Bertolt Brecht remarqué dès ses premiers poèmes dépouillés qui projetaient un éclairage cru sur les réalités de 1925, un Brecht qui, avec Stefan Hermlin et Kuba, choisit en 1945 l'Allemagne de l'Est. N'oublions pas Gottfried Benn tenté par le nihilisme le plus noir, ni Hans Magnus Enzenberger l'expressionniste iconoclaste tout autant pessimiste. Davantage marqués par le goût du classicisme, d'autres ont continué en solitaires indépendants une œuvre volontiers portée à la méditation : ce sont Hans Carossa et Reinhold Schneider.

Quant aux poètes contemporains, ils sont plus nombreux et plus soucieux de diversité que jamais. Les excellentes et consciencieuses anthologies de nos voisins d'outre-Rhin, spécialité dans laquelle ils sont inégalables, tout comme les Anglais, les comptent par centaines, et c'est un florilège entier de la poésie allemande contemporaine qui mériterait de leur être consacré.

Erlkönig*

Wer reitet so spät durch Nacht und Wind?
Es ist der Vater mit seinem Kind;
Er hat den Knaben wohl in dem Arm,
Er fasst ihn sicher, er hält ihn warm.

» Mein Sohn, was birgst du so bang dein Gesicht? «
» Siehst, Vater, du den Erlkönig nicht?
Den Erlenkönig mit Kron' und Schweif? «
» Mein Sohn, es ist ein Nebelstreif. « —

» Du liebes Kind, komm, geh mit mir!
» Gar schöne Spiele spiel' ich mit dir;
» Manch' bunte Blumen sind an dem Strand
» Meine Mutter hat manch gülden Gewand. « —

» Mein Vater, mein Vater, und hörest du nicht,
Was Erlenkönig mir leise verspricht? «
» Sei ruhig, bleibe ruhig, mein Kind;
In dürren Blättern säuselt der Wind. « —

» Willst, feiner Knabe, du mit mir gehn?
» Meine Töchter sollen dich warten schön
» Meine Töchter führen den nächtlichen Reihn
» Und wiegen und tanzen und singen dich ein. «

» Mein Vater, mein Vater, und siehst du nicht dort
Erlkönigs Töchter am düstern Ort? «
» Mein Sohn, mein Sohn, ich seh' es genau:
Es scheinen die alten Weiden so grau. « —

Roi des Aulnes

Qui galope ainsi, par nuit et vent,
Si tard ? C'est le père et son enfant.
Il tient le garçon entre ses bras,
Il l'étreint très fort, contre le froid.

— « Qu'as-tu, mon fils, à cacher ton visage ? »
— « Père ! L'Erlkönig ! Vois son image !
La couronne au front, cape en brocart ! »
— « Mon fils, ce n'est que du brouillard. »

— « Mon cher enfant, viens avec moi,
Je connais des jeux plaisants, pour toi !
Cent couleurs de fleurs sur mon rivage !
Ma mère a pour toi l'habit d'or des pages ! »

— « L'Erlkönig, ô mon père ! et n'entends-tu pas
Ce que l'Erlkönig me promet tout bas ? »
— « Calme-toi, reste tranquille, enfant,
Dans les rameaux morts ce n'est que le vent. »

— « Bel enfant, veux-tu chez moi venir ?
J'y ai mes filles, qui sauront te chérir,
Aux rondes t'entraîner, la nuit, dans les bois,
Te bercer et danser et chanter avec toi ! »

— « L'Erlkönig, ô mon père ! et vois-tu, là-bas,
Ensemble, ses filles ? Quel sombre endroit ! »
— « Mon fils, mon fils, je vois ça très bien,
Mais ce sont les vieux saules gris, au loin. »

» Ich liebe dich, mich reizt deine schöne Gestalt ;
» Und bist du nicht willig, so brauch' ich Gewalt. «
» Mein Vater, mein Vater, jetzt fasst er mich an !
Erlkönig hat mir ein Leids getan ! «

Dem Vater grauset's, er reitet geschwind,
Er hält in Armen das ächzende Kind,
Erreicht den Hof mit Müh und Not ;
In seinen Armen das Kind war tot.

JOHANN WOLFGANG VON GOETHE

* *Erlkönig*, littéralement : Le Roi des Aulnes, inspiré des
légendes danoises, est un être surnaturel qui attire au loin les
enfants pour leur faire du mal. C'est par l'évocation du
paysage nocturne, de la peur de l'enfant et de l'inquiétude
sourde du père que cette ballade, la plus célèbre de Goethe,
est devenue si populaire en Allemagne.

— « Je t'aime, enfant, ta beauté fait mon espérance,
Si tu n'écoutes pas, j'use de violence ! »
— « L'Erlkönig, ô mon père, à présent me prend,
L'Erlkönig m'a fait mal là-dedans ! »

Pressant son cheval, le père frémit,
Il tient dans ses bras l'enfant qui gémit,
Atteint la cour, à grand effort,
Avec dans ses bras son enfant mort.

JOHANN WOLFGANG VON GOETHE
(Traduction de Bernard Lorraine)

Die wandelnde Glocke

Es war ein Kind, das wollte nie
Zur Kirche sich bequemen,
Und Sonntags fand es stets ein Wie,
Den Weg ins Feld zu nehmen.

Die Mutter sprach : « Die Glocke tönt,
Und so ist dir's befohlen,
Und hast du dich nicht hingewöhnt,
Sie kommt und wird dich holen. »

Das Kind, es denkt : « Die Glocke hängt
Da droben auf dem Stuhle. »
Schon hat's den Weg ins Feld gelenkt,
Als lief' es aus der Schule.

« Die Glocke, Glocke tönt nicht mehr,
Die Mutter hat gefackelt. »
Doch, welch ein Schrecken ! hinterher
Die Glocke kommt gewackelt.

Sie wackelt schnell, man glaubt es kaum ;
Das arme Kind im Schrecken,
Es lauft, es kommt als wie im Traum ;
Die Glocke wird es decken.

Doch nimmt es richtig seinen Husch,
Und mit gewandter Schnelle
Eilt es durch Anger, Feld und Busch
Zur Kirche, zur Kapelle.

Ballade de la cloche qui marchait

Il était jadis un enfant
Qui n'en faisait qu'à sa guise
Et qui prenait la clé des champs
Au lieu d'aller à l'église.

Sa mère un jour lui dit : « Quand sonne
La cloche, c'est un péché
Que de fuir ! Fais ce qu'elle ordonne,
Ou elle ira te chercher ! »

« Trop bien accrochée, elle pend
Dans le clocher, prisonnière ! »
Et l'enfant court à travers les champs
Vers la messe buissonnière.

« Tiens ? Mais on n'entend plus la cloche !
C'était donc du boniment ! »
Or, à ses trousses, qui s'approche ?
La cloche, en se balançant !

Il bondit en zigzag, hagard.
À ses pas, elle s'accroche
Et comme dans un cauchemar
Il se voit pris sous sa poche.

Frayeur, désespoir et furie !
Il court, galope, sautant
À travers buissons et prairies
Vers l'église qui l'attend.

Und jeden Sonn, und Feiertag
Gedenkt es an den Schaden
Lässt durch den ersten Glockenschlag,
Nicht in Person sich laden.

JOHANN WOLFGANG VON GOETHE

Et chaque dimanche à présent,
Quand la cloche l'éveille
Il obéit, le garnement,
Sans qu'on lui tire l'oreille.

JOHANN WOLFGANG VON GOETHE
(Traduction de Bernard Lorraine)

An die Freude

FREUDE, schöner Götterfunken,
Tochter aus Elysium,
Wir betreten feuertrunken,
Himmlische, dein Heiligtum.
Deine Zauber binden wieder,
Was die Mode streng geteilt,
Alle Menschen werden Brüder,
Wo dein sanfter Flügel weilt.

Seid umschlungen, Millionen!
Diesen Kuss der ganzen Welt!
Brüder—überm Sternenzelt
Muss ein lieber Vater wohnen.

Freude trinken alle Wesen
An den Brüsten der Natur,
Alle Guten, alle Bösen
Folgen ihrer Rosenspur.
Küsse gab sie uns und Reben,
Einen Freund, geprüft im Tod.
Wollust ward dem Wurm gegeben.
Und der Cherub steht vor Gott.

Ihr stürzt nieder, Millionen?
Ahnest du den Schöpfer, Welt?
Such ihn überm Sternenzelt!
Ueber Sternen muss er wohnen.

À la Joie

O Joie, étincelle de Dieu,
Fille des Champs-Élysées,
Nous entrons, ivres de ton feu,
Dans ta demeure irisée.
Tes sortilèges nous libèrent
Des préjugés diviseurs,
Tous les hommes deviennent frères
Sous ton aile de douceur.

Soyez enlacés, par millions !
Un baiser à l'Univers !
Haut, sur les astres divers,
Règne un Père plein d'affection.

La Joie ! Tous les êtres la boivent
Aux seins de la Création.
Bons ou méchants, tous aperçoivent
Les roses dans son sillon.
Nous offrant le baiser, la vigne,
L'ami, jusque dans la mort,
Au ver de terre elle a fait signe,
À l'Ange elle est réconfort.

Vous prosternez-vous, par millions ?
Pressens-tu le Créateur ?
Cherche-le dans les Hauteurs
Au-dessus des constellations.

Freude heisst die starke Feder
In der ewigen Natur.
Freude, Freude treibt die Räder
In der grossen Weltenuhr.
Blumen lockt sie aus den Keimen,
Sonnen aus dem Firmament,
Sphären rollt sie in den Räumen,
Die des Sehers Rohr nicht kennt.

Froh, wie seine Sonnen fliegen
Durch des Himmels prächtgen Plan,
Wandelt, Brüder, eure Bahn,
Freudig wie ein Held zum Siegen.

                     FRIEDRICH VON SCHILLER

La Joie est le ressort puissant
De la nature éternelle,
Elle anime le mouvement
De l'horloge universelle,
Fait éclore les fleurs des terres,
Les soleils du firmament,
Roule dans le cosmos des sphères
Que nul devin ne surprend.

Joyeux, tels les soleils d'en-haut
Par les espaces divins,
Suivez, frères, vos chemins
Comme au succès court un héros.

FRIEDRICH VON SCHILLER
(Traduction de Bernard Lorraine)

An Landauer

Sei froh! Du hast das gute Los erkoren,
Denn tief und treu ward eine Seele dir;
Der Freunde Freund zu sein, bist du geboren,
   Dies zeugen dir am Feste wir.

Und selig, wer im eignen Hause Frieden,
Wie du, und Lieb' und Fülle sieht und Ruh;
Manch Leben ist, wie Licht und Nacht, verschieden,
   In goldner Mitte wohnest du.

Dir glänzt die Sonn' in wohlgebauter Halle,
Am Berge reift die Sonne dir den Wein,
Und immer glücklich führt die Güter alle
   Der kluge Gott dir aus und ein.

Und Kind gedeiht, und Mutter um den Gatten,
Und wie den Wald die goldne Wolke krönt
So seid auch ihr um ihn, geliebte Schatten!
   Ihr Seligen, an ihn gewöhnt!

Und sieh! aus Freude sagen wir von Sorgen;
Wie dunkler Wein, erfreut auch ernster Sang;
Das Fest verhallt, und jedes gehet morgen
   Auf schmaler Erde seinen Gang.

FRIEDRICH HÖLDERLIN

À l'ami Landauer

Sois heureux! Le meilleur des lots, tu l'as choisi,
Car tu as l'âme et profonde et fidèle,
Tu es né pour aimer tes amis, tous ici,
   Cette fête nous le révèle.

Heureux qui comme toi dans sa maison jouit
De paix, d'amour, de calme, d'abondance!
Souvent la vie oscille entre lumière et nuit.
   Le juste milieu est ta science.

Le soleil qui éclaire aux beaux jours ta maison
Mûrit ton vin au flanc de la montagne,
La sagesse de Dieu te prodigue à foison
   Les biens qui toujours t'accompagnent.

Et l'enfant et la mère, heureux, vivent auprès
De l'époux entouré par l'ombre chère
— Comme l'or de la nue couronne la forêt —
   Des âmes mortes familières.

Dans la joie il est bon de parler des ennuis;
Un chant grave, tel un vin noir, envoûte.
La fête se termine et bientôt dans la nuit
   Chacun va reprendre sa route.

FRIEDRICH HÖLDERLIN
(Traduction de Bernard Lorraine)

An die Nacht

Welcher Lebendige, Sinnbegabte, liebt nicht vor allen Wundererscheinungen des verbreiteten Raums um ihn, das allerfreuliche Licht — mit seinen Farben, seinen Strahlen und Wogen...

Abwärts wend ich mich zu der heiligen, unaussprechlichen, geheimnisvollen Nacht. Fernab liegt die Welt — in eine tiefe Gruft versenkt — wüst und einsam ist ihre Stelle. In den Saiten der Brust weht tiefe Wehmut... Was quillt auf einmal so ahndungsvoll unterm Herzen, und verschluckt der Wehmut weiche Luft?

Hast auch du ein Gefallen an uns, dunkle Nacht?

Was hältst du unter deinem Mantel, das mir unsichtbar kräftig an die Seele geht? Köstlicher Balsam träuft aus deiner Hand, aus dem Bündel Mohn...

Himmlischer, als jene blitzenden Sterne, dünken uns die unendlichen Augen, die die Nacht in uns geöffnet...

À la nuit

à la mémoire de Sophie von Kühn
sa fiancée morte prématurément.

Quel vivant, quel être sensible n'aime, entre toutes les merveilles du vaste espace autour de lui, la Lumière, unanime joie, avec ses couleurs, ses rayons et ses vagues partout présentes?
...

Pourtant, moi, je la fuis, je me détourne d'elle pour aller vers la sainte inexprimable Nuit, vers la secrète Nuit. Le monde est loin d'ici, dans un gouffre immergé, désert et solitude. Sur les cordes du cœur souffle un vent de douleur. Qu'est-ce qui, soudain, sourd, animé de vindicte, aux caves de mon cœur, absorbant la douleur si molle à respirer?

Serais-tu, toi aussi, complaisante envers nous, obscure, obscure Nuit?

Que peux-tu bien porter sous ta cape, dis-moi, qui me va droit à l'âme, imperceptiblement, irrésistiblement? Un baume de grand prix s'épanche de ta main: des poignées de pavots.

Plus sublime qu'étoiles en leurs scintillements, l'infinité des yeux que la Nuit ouvre en nous!

Preis der Weltkönigin, der hohen Verkünderin heiliger Welten, der Pflegerin seliger Liebe — sie sendet mir dich — zarte Geliebte — liebliche Sonne der Nacht, — nun wach ich — denn ich bin dein und mein — du hast die Nacht mir zum Leben verkündet — mich zum Menschen gemacht — zehre mit Geisterglut meinen Leib, dass ich luftig mir dir inniger mich mische und dann ewig die Brautnacht währt...

FRIEDRICH NOVALIS

Reine de l'univers, gloire à toi, messagère des domaines sacrés ! Gloire à toi, l'infirmière du bien-heureux amour. Elle t'envoie vers moi, bien-aimée délicate, cher soleil de la Nuit. Éveillé à présent, — car je reste moi-même en étant tout à toi — tu m'as nommé la Nuit comme source de vie et tu m'as élevé, moi, au rang d'être humain. Au feu de l'esprit pur, que je me mêle à toi, et plus intimement qu'au souffle un autre souffle, et pour l'éternité de notre nuit de noces !
...

FRIEDRICH NOVALIS
(Traduction de Bernard Lorraine)

Der Spinnerin Nachtlied

Es sang vor langen Jahren
Wohl auch die Nachtigall,
Das war wohl süßer Schall,
Da wir zusammen waren.

Ich sing und kann nicht weinen
Und spinne so allein
Den Faden klar und rein,
Solang der Mond wird scheinen.

Als wir zusammen waren,
Das sang die Nachtigall;
Nun mahnet mich ihr Schall,
Daß du von mir gefahren.

So oft der Mond mag scheinen,
Denk ich wohl dein allein,
Mein Herz ist klar und rein,
Gott wolle uns vereinen.

Seit du von mir gefahren,
Singt stets die Nachtigall,
Ich denk bei ihrem Schall,
Wir wir zusammen waren.

Gott wolle uns vereinen,
Hier spinn ich so allein,
Der Mond scheint klar und rein,
Ich sing und möchte weinen.

CLEMENS BRENTANO

Sérénade de la fileuse

Il y a longtemps, j'en tremble,
Chantait le rossignol,
Doux trilles dans leur vol !
Et nous l'écoutions ensemble.

Et je chante sans pleurer,
Tout en filant la laine
Au clair des lunes pleines,
Laine pure au fil serré.

Lorsque nous étions ensemble,
Chantait le rossignol,
Doux trilles dans leur vol !
Tu es loin de moi, j'en tremble.

La lune va revenir
Et mon cœur qui t'adore
À toi seul rêve encore.
Dieu veuille nous réunir.

Tu es parti, moi je tremble
Au chant du rossignol,
Doux trilles dans leur vol !
Jadis nous vivions ensemble.

Dieu veuille nous réunir !
Seule, filant la laine,
Je chante aux lunes pleines
Sans voir mes larmes venir.

CLEMENS BRENTANO
(Traduction de Bernard Lorraine)

Dein Vater...

Dein Vater hält dich im Arme,
   Du goldenes Töchterlein,
Und träumt gar eigene Träume,
   Und singt und wieget dich ein.

Es eilt die Zeit so leise,
   Gewaltig und geschwind,
Aus enger Wiege steiget
   Hervor das muntere Kind.

Das Kind wird still und stiller,
   Es drängt an die Mutter sich;
Wie blühet heran die Jungfrau
   Bewusstlos so minniglich!

Ein Himmel, welcher Tiefe!
   Ihr Auge so blau und klar!
Wie bist du gleich geworden
   Der Mutter, die dich gebar!

Nun überthauen Perlen
   Des hellen Blickes Glanz,
Nun will der Zweig der Myrte
   Sich biegen zum bräutlichen Kranz.

Dein Vater hält dich im Arme,
   Du goldenes Töchterlein,
Und träumt von deiner Mutter,
   Und singt und wieget dich ein.

ADALBERT VON CHAMISSO

Ton père...

Ton père dans ses bras t'enlace,
  Ma petite fille en or.
Il rêve et te chante à voix basse
  La berceuse qui t'endort.

Le temps rapide, par étapes,
  À filer va s'employer...
Et du berceau l'enfant s'échappe
  Comme en un rêve éveillé.

L'enfant, chaque jour plus gentille
  Se tourne vers sa maman ;
Déjà fleurit, la jeune fille
  Si gracieuse, inconsciemment.

Ses yeux, l'iris et la prunelle,
  Sont un ciel bleu, un velours.
Maintenant tu ressembles à celle
  Qui t'a mise au monde un jour.

À présent c'est une rosée
  Qui perle dans ton regard,
Ta couronne de fiancée
  Doit se tresser quelque part.

Ton père dans ses bras t'enlace,
  Ma petite fille en or.
Il rêve à ta mère... À voix basse
  Il te berce et tu t'endors.

ADALBERT VON CHAMISSO
(Traduction de Bernard Lorraine)

Brennende Liebe

Und willst du wissen, warum
So sinnend ich manche Zeit,
Mitunter so töricht und dumm,
So unverzeihlich zerstreut,
Willst wissen auch ohne Gnade,
Was denn so Liebes enthält
Die heimlich verschlossene Lade,
An die ich mich öfters gestellt?

Und höre, höre zuletzt,
Dort liegt, da drinnen im Schrein,
Ein Tuch mit Blute genetzt,
Das legte ich heimlich hinein.
Er ritzte sich nur an der Schneide,
Als Beeren vom Strauch er mir hieb,
Nun hab ich sie alle beide,
Sein Blut und meine brennende Lieb.

ANNETTE VON DROSTE-HÜLSHOFF

Brûlant amour

Veux-tu donc savoir pourquoi
Je reste très souvent rêveuse,
Distraite, folle, ou parfois
Impardonnablement songeuse?

Tu voudrais bien aussi savoir
Quel secret, homme impitoyable,
Renferme ce précieux tiroir
Bien fermé à clé, sous ma table.

Écoute alors, cher amant :
J'ai ton mouchoir dans ma cassette,
Encor taché de ton sang.
Je l'ai déposé en cachette

Le jour où tu te blessas pour
Moi, en me coupant l'aubépine.
C'est ton sang et c'est mon amour
Qu'à conserver là je m'obstine.

ANNETTE VON DROSTE-HÜLSHOFF
(Traduction de Bernard Lorraine)

Fragen

Am Meer, am wüsten, nächtlichen Meer
Steht ein Jüngling-Mann,
Die Brust voll Wehmut, das Haupt voll Zweifel,
Und mit düstern Lippen fragt er die Wogen :

» O löst mir das Rätsel des Lebens.
Das qualvoll uralte Rätsel,
Worüber schon manche Häupter gegrübelt,
Häupter in Hieroglyphenmützen,
Häupter in Turban und schwarzem Barett,
Perückenhäupter und tausend andre
Arme, schwitzende Menschenhäupter.
Sagt mir, was bedeutet der Mensch ?
Woher ist er gekommen ? Wo geht er hin ?
Wer wohnt dort oben auf goldenen Sternen ? «

Es murmeln die Wogen ihr ew'ges Gemurmel,
Es wehet der Wind, es fliehen die Wolken,
Es blinken die Sterne gleichgültig und kalt,

Und ein Narr wartet auf Antwort.

HEINRICH HEINE

Questions

Au bord de la mer, ténébreuse mer,
Un jeune homme est là,
Cœur mélancolique, esprit plein de doutes,
Et bouche lugubre, il demande aux vagues :

« Révélez-moi l'énigme de la vie,
La torturante, immémoriale énigme
Sur laquelle déjà se sont creusé la tête
Tant de savants coiffés d'hiéroglyphes,
Cerveaux à turbans ou à toques noires,
Cerveaux à perruque, et tant d'autres pauvres
Crânes humains ruisselants de sueur !
Dites-moi : Que signifie l'Homme ?
D'où est-il venu ? Où va-t-il ?
Là-haut, qui habite aux étoiles d'or ? »

Mais la vague murmure un éternel murmure,
Souffle le vent et s'enfuient les nuages,
Et scintille l'étoile indifférente et froide.

Et un fou attend la réponse.

HEINRICH HEINE
(Traduction de Bernard Lorraine)

Der Tambour

Wenn meine Mutter hexen könnt',
Da müsst' sie mit dem Regiment
Nach Frankreich überall mit hin
Und wär' die Marketenderin.
Im Lager, wohl um Mitternacht,
Wenn niemand auf ist als die Wacht,
Und alles schnarchet, Ross und Mann,
Vor meiner Trommel säss' ich dann:

Die Trommel müsst' eine Schüssel sein,
Ein warmes Sauerkraut darein,
Die Schlegel Messer und Gabel,
Eine lange Wurst mein Sabel;
Mein Tschako wär' ein Humpen gut,
Den füll' ich mit Burgunderblut.
Und weil es mir an Lichte fehlt,
Da scheint der Mond in mein Gezelt;
Scheint er auch auf Französ'sch herein,
Mir fällt doch meine Liebste ein:
Ach weh! jetzt hat der Spass ein End'.
Wenn nur meine Mutter hexen könnt'!

                                        EDUARD MÖRIKE

Le tambour

Ah ! si ma mère était sorcière,
Je la verrais bien cantinière
Dans mon régiment en France où
Ses fourneaux me suivraient partout.
Voilà qui serait à mon goût.

Au camp, vers minuit, sous la lune,
Quand les sentinelles pétunent,
Que tout ronfle, chevaux, pandours,
Je m'assiérais près du tambour.

Mon tambour serait une assiette
De choucroute ; mes deux baguettes
Fourchette et couteau ; mon grand sabre
Saucisse chaude qui se cambre.
Bourgogne dont je me régale,
Mon schako serait ta timbale !

Un songe, hélas, pure illusion !
La lune est mon seul lumignon.
Oui, trêve de plaisanteries,
Rêver n'est que sorcellerie.
Sous ma tente, éveillé soudain,
Je pense à mon amour lointain.

EDUARD MÖRIKE
(Traduction de Bernard Lorraine)

Der Wanderer

Es geht ein Wandrer durch die Nacht
Mit gutem Schritt;
Und krummes Thal und lange Höhn —
Er nimmt sie mit.
Die Nacht ist schön —
Er schreitet zu und steht nicht still,
Weiss nicht, wohin sein Weg noch will.

Da singt ein Vogel durch die Nacht:
» Ach Vogel, was hast du gemacht!
Was hemmst du meinen Sinn und Fuss
Und giessest süssen Herz-Verdruss
In's Ohr mir, dass ich stehen muss
Und lauschen muss —
Was lockst du mich mit Ton und Gruss? «

Der gute Vogel schweigt und spricht:
» Nein, Wandrer, nein! Dich lock' ich nicht
Mit dem Getön —
Ein Weibchen lock' ich von den Höhn —
Was geht's dich an?
Allein ist mir die Nacht nicht schön.
Was geht's dich an? Denn du sollst gehn
Und nimmer stille stehn!
Was steht du noch?
Was that mein Flötenlied dir an,
Du Wandersmann? «

Le voyageur

Un voyageur va dans la nuit
À bonne allure.
Val tortueux, hauteurs rebelles,
Il n'en a cure.
La nuit est belle,
Il marche et ne saurait prédire
Où son chemin va le conduire.

Un oiseau chante dans la nuit.
« Oiseau, pourquoi m'as-tu séduit,
Troublant ma marche et mon esprit,
Suspendant mes pas par le cri
Chagrin de ton cœur irrité ?
Quoi, m'arrêter,
Pipé par ton salut chanté ? »

Alors l'oiseau se met à dire :
« Ce n'est pas toi que veut séduire
Ma ritournelle
Mais, sur la colline, une oiselle !
Va-t'en ailleurs !
Pour moi seul la nuit n'est pas belle.
Que t'importe ! Va d'une traite
Sans que rien ne t'arrête !
Que fais-tu là,
Si ma flûte a fait ton malheur,
Ô voyageur ? »

Der gute Vogel schweigt und sann:
» Was that mein Flötenlied ihm an?
Was steht er noch? —
Der arme, arme Wandersmann! «

FRIEDRICH NIETZSCHE

Le brave oiseau reprend, songeur :
« Si ma flûte a fait son malheur,
Que fait-il là ?
Le pauvre, pauvre voyageur ! »

FRIEDRICH NIETZSCHE
(Traduction de Bernard Lorraine)

Gott
Schlusschor

Gottes pfad ist uns geweitet
Gottes land ist uns bestimmt
Gottes krieg ist uns entzündet
Gottes kranz ist uns erkannt.
Gottes ruh in unsren herzen
Gottes kraft in unsrer brust
Gottes zorn auf unsren stirnen
Gottes brunst auf unsrem mund.
Gottes band hat uns umschlossen
Gottes blitz hat uns durchglüht
Gottes heil ist uns ergossen
Gottes glück ist uns erblüht.

STEFAN GEORGE

Dieu
Chœur final

Dieu élargit pour nous Sa voie
Dieu nous marque Son royaume
Dieu, pour nous Sa guerre flamboie
Dieu nous montre Sa couronne
Dieu met Son calme dans nos cœurs
Dieu, Sa force en notre souffle
Dieu jette à nos fronts Sa fureur
Dieu, Sa chaleur dans nos bouches
Dieu dans Ses chaînes nous attache
Dieu, Son éclair nous foudroie
Dieu en nous épanche Sa grâce
Dieu nous fleurit de Sa joie.

STEFAN GEORGE
(Traduction de Bernard Lorraine)

Stör'nicht den Schlaf...

Stör' nicht den Schlaf der liebsten Frau, mein Licht !
Stör' ihren zarten, zarten Schlummer nicht.

Wie ist sie ferne jetzt. Und doch so nah.
Ein Flüstern — und sie wäre wieder da.

Sei still, mein Herz, sei stiller noch, mein Mund,
mit Engeln redet wohl ihr Geist zur Stund.

CHRISTIAN MORGENSTERN

Ne trouble pas...

Ne trouble pas son sommeil, ô ma lampe !
Le cher amour dort, la main sur la tempe.

Comme elle est loin, pour l'heure, et pourtant près.
Rien qu'un murmure, elle s'éveillerait !

Vous, bouche et cœur, que rien ne la dérange,
Car à présent son esprit parle aux anges.

CHRISTIAN MORGENSTERN
(Traduction de Bernard Lorraine)

Reisen

Meinen Sie Zürich zum Beispiel
sei eine tiefere Stadt,
wo man Wunder und Weihen
immer als Inhalt hat?

Meinen Sie, aus Habana,
weiß und hibiskusrot,
bräche das ewige Manna
für Ihre Wüstennot?

Bahnhofstraßen und Rueen,
Boulevards, Lidos, Laan —
selbst auf den Fifth Avenueen
fällt Sie die Leere an —

Ach, vergeblich das Fahren!
spät erst erfahren Sie sich:
bleiben und stille bewahren
das sich umgrenzende Ich.

GOTTFRIED BENN

Voyages

Vous prenez Zürich, par exemple,
Ville de méditations,
Et vous en espérez ensemble
Miracles et consécration?

Ou vous pensez que La Havane
— Hibiscus en rouge et blanc —
Vous offre une éternelle manne
Pour votre soif d'isolement?

Rues de la Gare et autres rues,
Boulevards, Lidos et Loan...
Même la Cinquième Avenue :
C'est leur vide qui vous étonne.

Voyages, vanité suprême !
Par expérience, j'observe
Que l'immobilité préserve
Le moi circonscrit à lui-même.

GOTTFRIED BENN
(Traduction de Bernard Lorraine)

Ballade von der Dame Hoffnung

Herrin des strengen Traumes, der Schafotte
Erhabene Gefährtin, Testament
Der Habenichtse, letztes Lied der Rotte.
Oberstes Scheit, das auf dem Holzstoss brennt,
Name, den jeder tote Mund nocht nennt:
Im Qualm der Frühe stehst du an den Türen,
Dort, wo unwärmbar unsre Herzen frieren,
Licht der Beschatteten, aufs Rad gespannt,
Magische Finger, die die Spindel rühren:
Von den Bedrängten Hoffnung bist genannt.

Süsses Phantom im schwarzen Schlangenhag,
Geblendete an nassen Strasseneecken,
Wohltätige Ohnmacht nach dem zwölften Schlag.
Feld, das die Schlossen meiner Schmerzen decken,
Schweisstuch der Kreuzgeweihten, Tränenbecken —
Ich bin versehrt und klag dir meine Not:
Gläsern Gespinst, meerblau und abendrot.
Der letzte Halm knistert im Dünensand.
Von jenen, die vertraut nur mit dem Tod.
Von den Bedrängten Hoffnung bist genannt.

Krug für die Dürstenden, erhabne Nahrung,
Schlüssel, der fugenlose Wände sprengt,
Hohes Gemisch aus Ahnung und Erfahrung,
Wahrheit gepfählt, gespiesst, gewürgt, gehängt,
Mein Wappen, in dem Lieb und Hass verschränkt,
Bettlerin sehr verachtet an den Toren,
Oestliches Licht schräg auf dem Plan der Horen,
Verwehter Hahnenschrei im Dämmerland,

Ballade de Dame Espérance

Maîtresse du rêve, austère et sublime,
Compagne vers l'échafaud, testament
Des clochards, chant des condamnés, l'ultime !
Dernière bûche en des brasiers ardents,
Nom que la bouche morte crie pourtant !
L'aube épaisse fume : à nos portes, toi,
Droit debout ! Nos cœurs y tremblent de froid.
Lumière des suppliciés en souffrances,
Pour tourner le fuseau, magiques doigts !
Les opprimés t'appellent l'Espérance.

Tendre fantôme au buisson des serpents,
Fille aveuglée au coin des rues mouillées,
Pâmoison du douzième battement !
Plaine grêlée par mes douleurs, noyée !
Suaire et pleurs des chairs crucifiées !
Moi, mutilé, j'implore tes renforts.
Spectre du verre, outremer, couchant d'or !
La paille craque aux dunes en mouvance.
Ceux qui n'ont plus confiance qu'en la Mort,
Les opprimés, t'appellent l'Espérance.

Cruche pour la soif, vivres pour la faim,
Clé qui sait forcer les remparts, sans peine,
De science et d'intuition alliage fin,
Vérité vouée aux pals, cordes, chaînes,
Écusson où l'Amour défie la Haine,
Mendiante offerte aux mépris offensants,
Lumière d'Est aux heures du cadran,
Cri de coq que l'aube étouffe en silence,

Stets wiederauferstanden, stets verloren:
Von den Bedrängten Hoffnung bist gennant.

Zueignung

Fürstin der Welt, die unsern Dienst erkoren,
Wüstenversengt, im grünen Eis gefroren,
Gewisse Gegenwart hinter der Wand,
Verbotner Brunnen, du, nach dem wir bohren:
Von den Bedrängten Hoffnung bist gennant.

STEPHAN HERMLIN

Toi dont le feu s'éteint, mais qui reprend,
Les opprimés t'appellent l'Espérance.

Envoi

Princesse du Monde, nous te servons,
Brûlés aux déserts, gelés aux glaçons.
De l'autre côté du mur, ta présence !
Source interdite et vers qui nous creusons,
Les opprimés t'appellent l'Espérance.

STEPHAN HERMLIN
(Traduction de Bernard Lorraine)

Angleterre

Angleterre

United Kingdom of Great Britain and Northern Ireland
Monarchie constitutionnelle, Royaume-Uni
244 818 km²
57 218 000 habitants.

Les conquérants normands n'ayant pas imposé l'usage de leur langue, jusqu'au XIVe siècle l'aristocratie parla le français, mais l'anglais devient langue officielle en 1362. Un siècle plus tard, William Dunbar est le poète le plus accompli, mais c'est le dernier tiers du XVIe siècle qui marque un essor extraordinaire, lorsque Thomas Wyatt acclimate le sonnet, Henry Howard Surrey invente le décasyllabe non rimé promis à une longue fortune, Edmund Spenser traduit les poètes français, Philip Sidney donne la pleine mesure de sa diversité.

Vient le XVIIe siècle avec l'universel Shakespeare qui publie tardivement ses *Sonnets* en 1609, Samuel Daniel et Michael Drayton, à l'aise dans tous les genres, Ben Jonson, fidèle à la discipline classique, John Donne, le novateur baroque qui refuse toutes les modes, et — entre cent vingt autres poètes — John Milton, aveugle au farouche esprit d'indépendance et, sur le tard, moraliste intransigeant.

Le XVIIIe siècle est un siècle d'argent, de déisme, de prose et d'humour, marqué cependant en poésie par Alexander Pope, autre moraliste excessif, Edward Young, dont *Les Nuits* préparent le Romantisme européen, James Macpherson, qui triomphe avec ses *Poèmes d'Ossian* que Napoléon lira à Sainte-Hélène, William Cowper, etc. Robert Burns, paysan-poète écossais, et William Blake, le graveur londonien autodidacte, nous laissent des œuvres plus authentiques, qui résistent mieux à l'usure du temps.

Au cours de la première moitié du XIXe siècle, et sur deux générations, apparaissent les génies du Romantisme, tous précoces, en rupture avec les idéologies et les institutions, génies qui, à l'exception de William Wordsworth, mourront tous jeunes : Coleridge, Byron, Shelley, John Keats. Les grands romantiques disparus, la poésie se retrouve mal à l'aise sous le règne de Victoria, Alfred Tennyson étant le type même du poète victorien soucieux de plaire et d'atteindre à la perfection formelle. Beaucoup plus originaux, Robert Browning et sa femme Elisabeth Barrett-Browning chantent la passion, Matthew Arnold dénonce l'aliénation de l'artiste dans un monde hostile d'affairistes, Dante Gabriel Rossetti et sa sœur Georgina sont partagés entre la Foi et le goût des bonheurs terrestres, Swinburne, le violent libertaire, devient celui par qui le scandale arrive. Ajoutons George Meredith, Thomas Hardy et Rudyard Kipling qui nous laisse au moins deux cents poèmes considérés comme des chefs-d'œuvre par T.S. Eliot.

À partir de 1930, deux poètes proposent des réponses originales aux angoisses contemporaines : T.S. Eliot et Dylan Thomas, l'idole de la jeune génération américaine, alors que leur maître commun Hopkins n'avait pas eu la satisfaction de se voir publié de son vivant. Mais dès 1912 s'était amorcé un retour à la simplicité des thèmes et à la transparence de la langue avec Davies, Walter de la Mare, Masefield, Edward Thomas, au moment où Rupert Brooke et Wilfred Owen tombaient sur le front des opérations. La Seconde Guerre mondiale à son tour tue de jeunes espoirs comme Sidney Keyes et Alun Lewis, tandis que les réputations établies marquant notre époque sont celles des vétérans Hugh Mac Diarmid, Robert Graves, Edmund Blunden, Cecil Day Lewis, Stephen Spender et David Gascoyne.

Sonnet 19

Devouring Time, blunt thou the lion's paws,
And make the earth devour her own sweet brood;
Pluck the keen teeth from the fierce tiger's jaws,
And burn the long-liv'd phœnix in her blood;
Make glad and sorry seasons as thou fleet'st,
And do whate'er thou wilt, swift-footed Time,
To the wide world and all her fading sweets;
But I forbid thee one most heinous crime:
O, carve not with thy hours my love's fair brow,
Nor draw no lines there with thine antique pen;
Him in thy course intainted do allow
For beauty's pattern to succeeding men.
    Yet, do thy worst, old Time. Despite thy wrong,
    My love shall in my verse ever live young.

WILLIAM SHAKESPEARE

Sonnet 19

Ô Temps, tu peux briser les griffes des lions,
Voire arracher les crocs des mâchoires des tigres,
Mais je ne permets point que ta noirceur dénigre
La beauté sans pareille. Éternel Trublion,

Tu peux laisser périr le phénix dans ses cendres ;
La terre — dévorer sa propre engeance, mais
Je défends de toucher à ce visage tendre
Que j'aime plus que tous les autres que j'aimais.

Tu n'oses point creuser de ton antique style
Des sillons outrageants sur ce limpide front,
Car les siècles futurs aussi contempleront

La Beauté défiant ton influence hostile.
Eh bien ! fais, Temps-vieillard, ton ouvrage pervers !
Mon jeune amour demeure immortel dans mes vers.

WILLIAM SHAKESPEARE
(Traduction d'Igor Astrov)

Song

Goe, and catche a falling starre,
   Get with child a mandrake roote,
Tell me, where all past yeares are,
   Or who cleft the Divels foot,
Teach me to heare Mermaides singing,
Or to keep off envies stinging,
       And finde
       What winde
Serves to advance an honest minde.

If thou beest borne to strange sights,
   Things invisible to see,
Ride ten thousand daies and nights,
   Till age snow white haires on thee,
Thou, when thou retorn'st, wilt tell mee
All strange wonders that befell thee,
       And sweare
       No where
Lives a woman true, and faire.

If thou findst one, let mee know,
   Such a Pilgrimage were sweet;
Yet doe not, I would not goe,
   Though at next doore wee might meet,
Though shee were true, when you met her,
And last, till you write your letter,
       Yet shee
       Will bee
False, ere I come, to two, or three.

JOHN DONNE

Chanson

Va capturer des météores,
Faire un enfant aux mandragores ;
Dis où va le Temps périssable,
Et qui fendit le pied du Diable ;
Déclenche le chant des sirènes,
Ôte leur piquant à des peines,
    Et rends évidents
    Quel propices vents
Font avancer les braves gens !

Aimes-tu voir d'étranges choses ?
Percer les apparences closes ?
Cours, dix mille nuits et journées !
Blanc sous la neige des années,
Tu viendras, au retour, me faire
Le récit de tout ce mystère :
    Sauras-tu jurer
    Que l'on peut trouver
Femme fidèle au mot donné ?

S'il en est une, où donc est-elle ?
Pour cette quête, vite en selle !
Ou plutôt, gare que je sorte,
Même si c'est proche ma porte :
Franche quand tu l'as découverte
Avant que ton billet m'alerte.
    Elle aura de quoi
    Manquer de foi,
En attendant, à deux ou trois !

JOHN DONNE
(Traduction de Fernand Baldensperger)

On another's sorrow

Can I see another's woe
And not be in sorrow too?
Can I see another's grief
And not seek for kind relief?

Can I see a falling tear
And not feel my sorrow's share?
Can a father see his child
Weep, nor be with sorrow fill'd?

Can a mother sit and hear
An infant groan an infant fear?
No, no never can it be,
Never, never can it be.

And can he who smiles on all
Hear the wren with sorrows small,
Hear the small bird's grief and care,
Hear the woes that infants bear,

And not sit beside the nest
Pouring pity in their breast,
And not sit the cradle near
Weeping tear on infant's tear,

And not sit both night and day
Wiping all our tears away?
O! no never can it be,
Never, never can it be.

La douleur des autres

Puis-je voir un affligé
Et rester alors serein,
Être témoin d'un chagrin
Sans vouloir le soulager,

D'une larme d'affliction
Sans partager l'émotion?
Quel père n'a de douleur
Devant son enfant en pleurs?

Et quelle mère sensible
Reste assise en entendant
Gémir son petit enfant?
Non, jamais, c'est impossible!

Celui qui n'est que sourires
Peut-il, dans l'indifférence,
Entendre un cri de souffrance
Sans que son cœur se déchire,

Sans s'approcher du nid tiède
Si c'est l'appel d'un oiseau,
Sans s'asseoir près du berceau
Si l'enfant appelle à l'aide?

Sans être là, jour et nuit,
Pour sécher la moindre larme?
Sans leur prêter son appui,
Tant la douleur nous désarme!

He doth give his joy to all,
He becomes an infant small,
He becomes a man of woe,
He doth feel the sorrow too.

Think not thou canst sigh a sigh
And thy maker is not by;
Think not thou canst weep a tear
And thy maker is not near.

O! he gives to us his joy
That our grief he may destroy;
Till our grief is fled and gone
He doth sit by us and moan

WILLIAM BLAKE

Lui aussi il est en proie
Aux chagrins, il est peiné.
Il répand sur tous sa joie,
Il redevient nouveau-né.

Il se fait homme à douleurs.
Oui, même quand tu soupires,
Il est là, ton Créateur,
Pour te consoler du pire.

WILLIAM BLAKE
(Traduction de Bernard Lorraine)

To a mouse
on turning her up in her nest with the plough

Wee, steekit, cow'rin', tim'rous beastie,
Oh, what a panic's in thy breastie!
Thou need na start awa sae hasty,
    Wi' bickering brattle!
I wad be laith to rin an' chase thee,
    Wi' murd'ring pattle!

I'm truly sorry man's dominion
Has broken nature's social union,
An' justifies that ill opinion
    Which makes thee startle
At me, thy poor earth-born companion,
    An' fellow-mortal!

I doubt na, whyles, but thou may thieve;
What then? poor beastie, thou maun live!
A daimenicker in a thrave
    'S a sma' request:
I'll get a blessin' wi' the lave,
    And never miss't!

Thy wee bit housie, too, in ruin!
Its silly wa's the win's are strewin'!
An' nacthing, now, to big a new ane,
    O'toggage green!
An' bleak December's winds ensuin',
    Baith snell and keen!
...

À une souris
déterrée de son nid par la charrue

Bestiole craintive au si tendre cœur,
Oh, quelle panique ! Effroi et terreur !
Ne fuis pas si vite, allons, n'aie pas peur !
    Mais tu te dépêches.
Tu n'as pas affaire à quelque tueur,
    Ne crains pas ma bêche !

Je suis désolé que mes pleins pouvoirs
Brisent notre union chère à ce terroir,
Te plongeant ainsi dans le désespoir !
    Qu'est-ce qui t'inquiète ?
Mortel moi aussi, puis-je t'en vouloir,
    Délicieuse bête ?

À me chaparder, tu fus un peu vive ?
Il faut bien manger et que chacun vive !
Un méchant épi au champ qu'on cultive,
    Innocent larcin !
Il m'en reste assez. Non, tu ne me prives
    De rien, presque rien.

Voilà ton terrier à l'état de ruine !
Ton champ dévasté ! Bientôt la famine !
Voici l'hiver froid, ses bises, ses bruines !
    Le soc est passé.
Décembre : grésil, pluie, rafale, angine !
    Le trépas glacé !
...

But, Mousie, thou art no thy lane,
In proving foresight may be vain:
The best laid schemes o' mice an' men,
    Gang aft agley,
An' lea'e us nought but grief and pain
    For promis'd joy!

Still thou art blest, compar'd wi' me!
The present only toucheth thee:
But, och! I backward cast my ee'
    On prospects drear!
An' forward, tho I canna see,
    I guess an' fear!

ROBERT BURNS

Tu t'étais donné du mal, du souci !
Mais, souris, tu n'es pas la seule ici
À tirer des plans. Projets de souris
    Ou d'hommes échouent.
Au lieu de la joie, abattus, contrits,
    Nous trouvons la boue.

Comparé au mien, ton cœur est content.
Seul, pour toi, souris, compte le présent.
Que de jours amers, quand mon cœur souffrant
    Regarde en arrière !
Et de l'avenir, je suis ignorant.
    Je tremble, ô misère !

ROBERT BURNS
(Traduction de Bernard Lorraine)

The Rainbow

My heart leaps up when I behold
    A rainbow in the sky:
So was it when my life began;
So is it now I am a man;
So be it when I shall grow old,
    Or let me die !
The Child is father of the Man;
And I could wish my days to be
Bound each to each by natural piety.

WILLIAM WORDSWORTH

L'arc-en-ciel

Mon cœur tressaille quand je vois
   L'arc-en-ciel resplendir :
C'était ainsi dans ma jeunesse ;
Et c'est ainsi dans ma vie d'homme ;
Ainsi soit-il dans ma vieillesse,
   Sinon, mieux vaut mourir !
L'Enfant est le père de l'Homme ;
Je souhaite que soient liés mes jours
Par la nature et son amour.

WILLIAM WORDSWORTH
(Traduction de Jacques Charpentreau)

To the cuckoo

O blithe New-comer! I have heard,
　I hear thee and rejoice.
O Cuckoo! shall I call thee Bird,
　Or but a wandering Voice?

While I am lying on the grass
Thy twofold shout I hear;
From hill to hill it seems to pass
　At once far off, and near.

Though babbling only to the Vale
　Of sunshine and of flowers,
Thou bringest unto me a tale
　Of visionary hours

Thrice welcome, darling of the Spring!
　Even yet thou art to me
No bird, but an invisible thing,
　A voice, a mystery;

The same whom in my schoolboy days
　I listened to; that Cry
Which made me look a thousand ways
　In bush, and tree, and sky.

To seek thee did I often rove
　Through woods and on the green;
And thou wert still a hope, a love;
　Still longed for, never seen.

Au Coucou

Je l'ai entendu, ton gai renouveau !
   Je me réjouis de t'entendre :
Ô Coucou ! Es-tu vraiment un oiseau,
   N'es-tu pas une voix errante ?

Tandis que je suis sur l'herbe allongé,
   J'entends ton cri à deux versants,
De mont en colline, il semble passer,
   Si loin, si près, en même temps.

Bien que ne parlant en ton babillage
   Que d'ardent soleil et de fleurs,
Tu as mis en moi toutes les images
   Du conte féerique des heures.

Aimé du printemps, sois le bienvenu !
   Même encor je te considère
Non comme un oiseau, comme l'inconnu,
   Tu es une voix, un mystère.

C'est le même chant que, jeune écolier,
   J'écoutais alors ; c'est l'appel
Plus de mille fois qui m'a fait chercher
   Dans le buisson, l'arbre, le ciel.

Pour te rencontrer, j'errais tant de jours
   À travers les bois et les prés ;
Tu restais l'espoir, tu restais l'amour
   Jamais vu, mais tant désiré.

And I can listen to thee yet;
  Can lie upon the plain
And listen, till I do beget
  That golden time again.

O blessed Bird! the earth we pace
  Again appears to be
An unsubstantial, faery place;
  That is fit home for Thee!

WILLIAM WORDSWORTH

Aujourd'hui je peux encore t'entendre,
  Sur l'herbe je peux m'allonger,
Écouter ton chant en moi quand s'engendre
  À nouveau ce temps enchanté.

Cher oiseau béni ! Grâce à toi la terre
  Que nous foulons, alors devient
Le monde enchanté de l'imaginaire,
  Le refuge qui te convient !

WILLIAM WORDSWORTH
(Traduction de Jacques Charpentreau)

There was a time...

There was a time when, though my path was rough,
  This joy within me dallied with distress,
And all misfortunes were but as the stuff
  Whence Fancy made me dreams of happiness:
For hope grew round me, like the twining vine,
And fruits, and foliage, not my own, seemed mine.
But now afflictions bow me down to earth:
Nor care I that they rob me of my mirth;
  But oh! each visitation
Suspends what nature gave me at my birth,
  My shaping spirit of Imagination.
For not to think of what I needs must feel,
  But to be still and patient, all I can;
And haply by abstruse research to steal
  From my own nature all the natural man —
  This was my sole resource, my only plan:
Till that which suits a part infects the whole,
And now is almost grown the habit of my soul.

SAMUEL TAYLOR COLERIDGE

Ma joie

Il fut un temps, pour moi, d'expérience austère
Mais où la joie intime éteignait la douleur.
Chaque mécompte, alors, n'était que la matière
Qu'ouvrait la Fantaisie en rêves de bonheur
Car l'espoir m'enlaçait de ses vrilles de vigne,
Feuilles et fruits semblant, sans être miens, à moi.
À présent, les chagrins courbent au sol ma ligne ;
Je ne redoute pas qu'ils dérobent ma foi,
   Mais hélas ! chaque offensive
Blesse cette aptitude, en mon être native :
L'Imagination et sa force à créer.
Tout ce que je puis faire est de ne point penser
À mon mal, de rester patient et tranquille,
D'enlever par l'abstrus d'une pensée habile
Ce qui dans ma nature est resté naturel.
Puis — comme un Tout gagné par un local dictame —
La cure est devenue une habitude d'âme.

SAMUEL TAYLOR COLERIDGE
(Traduction de Fernand Baldensperger)

But sweeter still...

But sweeter still than this, than these, than all,
  Is first and passionate Love — it stands alone,
Like Adam's recollection of his fall;
  The Tree of Knowledge has been pluck'd — all's
                           [known —

And Life yields nothing further to recall
  Worthy of this ambrosial sin, so shown,
No doubt in fable, as the unforgiven
Fire which Prometheus filch'd for us from Heaven.

LORD BYRON

Un premier amour

Mais le plus doux et le plus délectable
De tous les biens, c'est un premier amour.
Dans notre cœur jusques au dernier jour
Il s'éternise et s'ancre, impérissable ;
Il y vivra semblable au souvenir
Qu'Adam gardait de sa coupable offense.
Sur les rameaux de l'arbre de science
Il ne nous reste aucun fruit à cueillir.
Tout est connu ; rien dans notre existence
Ne vaudra plus un péché si divin.
Péché divin ? Il est le feu, sans doute,
Que Prométhée à la céleste voûte
Pour nous ravit d'une impavide main.

LORD BYRON
(Traduction d'Adolphe Fauvel)

Ring out, wild bells...

Ring out, wild bells, to the wild sky,
  The flying cloud, the frosty light:
  The year is dying in the night;
Ring out, wild bells, and let him die.

Ring out the old, ring in the new,
  Ring, happy bells, across the snow:
  The year is going, let him go;
Ring out the false, ring in the true.

Ring out the grief that saps the mind,
  For those that here we see no more;
  Ring out the feud of rich and poor.
Ring in redress to all mankind.

Ring out a slowly dying cause,
  And ancient forms of party strife;
  Ring in the nobler modes of life,
With sweeter manners, purer laws.

Ring out the want, the care, the sin,
  The faithless coldness of the times;
  Ring out, ring out my mournful rhymes.
But ring the fuller minstrel in.

Ring out false pride in place and blood,
  The civic slander and the spite;
  Ring in the love of truth and right,
Ring in the common love of good.

La cloche

Sonne, cloche éperdue au vertige du ciel,
À la froide lumière, au nuage qui fuit ;
Cette année agonise et mourra dans la nuit :
Sonne, cloche, et la livre au néant éternel.

Sonne pour elle un glas, sonne pour la nouvelle,
Sonne, cloche joyeuse, au-dessus du sol blanc :
Un an s'enfuit, suis-le de ton adieu tremblant ;
Sonne le glas du faux, et que ta voix appelle

Le seul vrai. Sonne un glas pour le chagrin rongeur
Qui s'attache à ma vie à jamais désolée ;
Pour la guerre entre riche et pauvre ; et, voix ailée,
Sonne l'avènement pour tous du Droit vainqueur.

Sonne un glas pour la fin de la mourante foi
Du parti qui prolonge une cause vieillie ;
Sonne pour accueillir une plus noble vie,
De plus humaines mœurs, une plus pure loi.

Un glas pour le besoin, les soucis, le péché,
La cruelle froideur de cet âge sceptique ;
Sonne un glas, sonne pour mon vers mélancolique,
Et qu'un plus heureux chant par toi soit annoncé.

Sonne un glas pour l'orgueil des grandeurs et du sang,
Pour la haine civique et pour la calomnie ;
Sonne pour célébrer la justice infinie,
Et, dans l'amour du bien, le monde renaissant.

Ring out old shapes of foul disease;
   Ring out the narrowing lust of gold
   Ring out the thousand wars of old,
Ring in the thousand years of peace.

Ring in the valiant man and free,
   The larger heart, the kindlier hand,
   Ring out the darkness of the land,
Ring in the Christ that is to be.

ALFRED TENNYSON

Sonne un glas pour la mort de nos penchants
[mauvais ;
Sonne un glas pour la soif de l'or, mère de haine,
Pour la guerre pendant vingt siècles souveraine ;
Et sonne pour fêter vingt longs siècles de paix.

Sonne, et dis que voici l'homme à la libre foi,
Au cœur fier et plus large, à la main plus ouverte
Sonne et chasse la nuit dont la terre est couverte,
Sonne, annonce le Christ dont va régner la loi.

ALFRED TENNYSON
(Traduction de Morel)

The starry night shall tidings bring

The starry night shall tidings bring:
Go out upon the breezy moor,
Watch for a bird with sable wing,
And beak and talons dropping gore.

Look not around, look not beneath,
But mutely trace its airy way;
Mark where it lights upon the heath,
Then wanderer kneel down and pray.

What fortune may await thee there
I will not and I dare not tell,
But Heaven is moved by fervent prayer
And God is mercy — fare thee well!

EMILY JANE BRONTË

La nuit étoilée...

La nuit étoilée porte des nouvelles :
Va-t-en sur la lande où souffle le vent
Guetter un oiseau, noires sont ses ailes,
Ses griffes, son bec dégouttent de sang.

Ne regarde pas devant ni derrière,
Mais silencieux suis au ciel sa voie ;
Regarde où l'oiseau touche la bruyère,
Alors, voyageur, agenouille-toi.

Quel sort peut t'attendre en cette bruyère ?
Je n'ose en rien dire, et je ne le veux,
Mais le Ciel entend d'ardentes prières
Et Dieu est pitié — à toi mon adieu !

EMILY JANE BRONTË
(Traduction de Jacques Charpentreau)

If

If you can keep your head when all about you
    Are losing theirs and laying it on you;
If you can trust yourself when all men doubt you,
    And make allowances for their doubting too;
If you can wait and not be tired by waiting,
    Or being lied about, not deal in lies,
Or being hated not give way to hating,
    And yet not look too good, nor talk too wise;

If you can dream and not make dreams your master;
    If you can think and not make thoughts your aim;
If you can meet with Triumph and Disaster
    And treat those two impostors just the same;
If you can bear to hear the truth you've spoken
    Twisted by knaves to make a trap for fools,
Or watch the things you gave your life to, broken
    And stoop and build'em up with worn-out tools;

If you can make one heap of all your winnings
    And risk it on one turn of pitch and toss,
And lose and start again at your beginnings
    And never breathe a word about your loss;
If you can force your heart and nerve and sinew
    To serve your turn long after they are gone,
And so hold on when there is nothing in you
    Except the *Will* which says to them: "Hold on!"

Si

Si vous pouvez garder votre calme, quand tous
Perdent la tête, et vous imputent la déroute,
Si vous pouvez avoir humblement foi en vous
Malgré le Doute, mais en accueillant le Doute,
Si vous pouvez attendre, et n'en pas être las,
Vivre dans le Mensonge, et n'en pas faire usage,
Être en butte à la Haine, et n'en pas faire cas,
Mais n'être cependant ni parfait ni trop sage ;

Si vous pouvez rêver sans en être asservi
Et traiter la Pensée ainsi qu'une conquête,
Si d'un semblable front vous avez accueilli
Ces mêmes imposteurs, Triomphes et Défaites,
Si vous pouvez entendre un mot de vérité
Clamé par vous, et dénaturé par un lâche,
Si vous pouvez, devant l'édifice effondré
De votre Vie, vous relever, et « à la tâche ! »

Si vous pouvez, réunissant votre Destin,
En faire un lot, et le jouer à pile ou face,
Et le perdre, et pourtant vous trouver à la fin
Tel qu'au début, sans qu'il paraisse à la surface.
Si vous pouvez dompter votre sang jusqu'au bout
Et s'il vous sert, après que rien d'autre n'existe
En vous, sinon la Volonté, qui crie « Debout »,
Et qui ne permet pas qu'un être lui résiste ;

If you can talk with crowds and keep your virtue,
   Or walk with kings — not lose the common touch;
If neither foes nor loving friends can hurt you;
   If all men count with you, but none too much;
If you can fill the unforgiving minute
   With sixty seconds' worth of distance run;
Yours is the Earth and everything that's in it
   And — which is more — you'll be a Man, my Son.

RUDYARD KIPLING

Si vous pouvez parler au Peuple, et rester grand,
Marcher auprès des Rois et garder l'âme humaine,
Si nul ne peut troubler votre force sereine,
Amis ou ennemis, égaux au même rang,
Si vous pouvez remplir la minute féconde
De travaux généreux, dignes d'être accomplis,
La Terre est vôtre, avec tous les trésors du Monde,
Et, qui plus est, Vous serez un Homme, Mon fils.

RUDYARD KIPLING
(Traduction d'Antoinette Soulas)

The Naming of Cats

The Naming of Cats is a difficult matter,
  It isn't just one of your holyday games;
You may think at first I'm as mad as a hatter
When I tell you, a cat must have THREE DIFFERENT
                                              [NAMES.
First of all, there's the name that the family use daily,
  Such as Peter, Augustus, Alonzo or James,
Such as Victor or Jonathan, George or Bill Bailey —
  All of them sensible everyday names.
There are fancier names if you think they sound sweeter,
  Some for the gentlemen, some for the dames:
Such as Plato, Admetus, Electra, Demeter —
  But all of them sensible everyday names.
But I tell you, a cat needs a name that's particular,
  A name that's peculiar, and more dignified,
Else how can he keep up his tail perpendicular,
  Or spread out his whiskers, or cherish his pride?
Of names of this kind, I can give you a quorum,
  Such as Munkustrap, Quaxo, or Coricopat,
Such as Bombalurina, or else Jellylorum —
  Names that never belong to more than one cat.
But above and beyond there's still one name left over,
  And that is the name that you never will guess;
The name that no human research can discover —
But THE CAT HIMSELF KNOWS, and will never confess.
When you notice a cat in profound meditation,

Comment appeler son Chat

C'est un art délicat, que d'appeler son Chat :
 Le baptiser n'est pas un simple passe-temps.
Je ne travaille pas du chapeau, croyez-moi,
Si je vous dis qu'un chat a TROIS NOMS DIFFÉRENTS.

Un chat a, tout d'abord, son nom de tous les jours,
 Comme Pierre ou Jean-Paul, Aglaë, Pompadour,
Comme Sylvain ou Luc, Chat-Fourré, Cyprien
 Noms raisonnables pour le train-train quotidien.
Fantaisistes, charmants, d'autres noms sont plus doux,
Les uns sont pour les chats, les autres pour les chattes
Comme Platon, Electre, Andromaque ou Carpates,
Tous sont des noms sérieux pour chats bien de chez nous.
Mais un chat a besoin, il faut que ça se sache.
 D'un vrai nom personnel, un nom plus majestueux.
Sans ce nom, il ne peut pas redresser sa queue,
 Affirmer sa fierté, hérisser ses moustaches.
Des noms de cette sorte, en veux-tu, en voilà
 Comme Méta-Méthyl, Ouitchi, Kalikola,
Comme Psychologie, Presbytère-Pacha...
 Si propres sont ces noms qu'ils sont à un seul chat.
Mais par-dessus tout ça, il reste encore un nom.
 C'est le nom que jamais nul ne peut deviner,
C'est le nom dont jamais nul ne saura le nom.
 LE CHAT, QUI LE CONNAÎT, ne veut le révéler.
Quand vous voyez un chat, silencieux, méditer,

The reason, I tell you, is always the same:
His mind is engaged in a rapt contemplation
Of the thought, of the thought, of the thought of his
   His ineffable effable   [name:
   Effanineffable
Deep and inscrutable singular Name.

T.S. ELIOT

La cause, sachez-le, est sa quête insondable :
Il a l'esprit perdu dans la contemplation
De la pensée de la pensée de la pensée
De son nom,
Son nom ineffable, affablement ineffable,
Indicible, profond — et singulier —, son Nom.

T.S. ELIOT
(Traduction de Jacques Charpentreau)

Belgique

Belgique

Royaume de Belgique, Monarchie Constitutionnelle
30 513 km²
9 878 000 habitants.

Nation indépendante depuis 1830, la Belgique n'a cessé d'être troublée par des querelles linguistiques, les Flamands étant majoritaires à 56 %.

Depuis plus d'un siècle, une constellation de talents de première magnitude prouve l'éclat et la densité de la vie poétique de la Belgique de langue française. Dans son *Panorama de la Poésie française de Belgique*, Liliane Wouters ne cite pas moins de 151 noms. Si la production révèle beaucoup plus d'analogies que de différences avec la nôtre, la condition du poète est cependant bien différente. Alors que chez nous prévalent la conspiration du silence et l'indifférence obtuse, la Belgique n'a pas honte de ses poètes, elle les aime, les publie, les lit, et les médias ne les boudent pas. Est-ce parce que depuis Georges Rodenbach et Émile Verhaeren, les chantres de la Flandre, une certaine spécificité affleure dans les œuvres? C'est-à-dire un attachement affectif à ce « plat pays » chanté naguère par Jacques Brel. Car c'est d'une voix unanime et multiple que nos amis belges le célèbrent, leur plat pays, sur le même ton d'authenticité, avec la même tendresse et la même nostalgie charnelles que Du Bellay disant ses regrets de la douceur angevine ou Louis Aragon ceux de l'Ile-Saint-Louis.

Le Flamand lui aussi, nous signale Karel Jonckheere, demeure profondément attaché à son passé, à ses dunes, à sa mer, à ses paysages naturels ou urbains, à ses traditions. Le poète allie à sa soif de vivre, à sa truculence, à son aspiration de communion avec la nature, une angoisse foncière devant la mort, attitude qui explique la tonalité mélancolique des œuvres et la méfiance instinctive envers une poésie intellectualisée vidée de tout sentiment.

À la Renaissance, la poésie de langue néerlandaise prend son envol avec Jan Van der Noot et il fallut attendre le XIXᵉ siècle pour voir quatre poètes romantiques appeler au redressement national : Ledeganck, Van Duyse, Van Ryswyck, de Laet, suivis bientôt par un musicien du verbe, un phénomène exceptionnel : le prêtre Guido Gezelle. Viendront ensuite son disciple Hugo Verriest, puis Albrecht Rodenbach, Van de Woestijne et Cyriel Verschaeve.

Après 1918, l'expressionnisme prend la relève, exaltant les valeurs sociales et politiques dans une langue explosive où domine le vers libre. Wies Moens, Karel Van den Oever, Achille Mussche, Marnix Gijsen, Paul Verbruggen, Paul Van Ostaijen représentent l'éventail des divers courants nouveaux. Mais un traditionalisme plus sobre, plus contrôlé, ne s'éteint pas pour autant, illustré par Richard Minne, Urbain Van de Voorde, Raymon Herreman. Enfin, à partir de 1930 la relève est assurée par Pieter G. Buckinx, René Verbeeck, Karel Jonckheere, étincelant et caustique, et Herwig Hensen, l'un des plus grands parmi les vivants, par son extrême sensibilité, sa maîtrise de la langue et du vers, la gravité de sa méditation.

Les cloches

...
D'autres cloches sont des béguines,
Qui sortent l'une après l'autre de leur clocher,
Tel qu'un couvent, à matines,
Et se hâtent dans un cheminement frileux
Comme s'il allait neiger,
Cloches cherchant les coins de ciel qui restent bleus
Il en est, en robes de bronze,
Qui tintent, tintent ;
Et s'éloignent, geignant des plaintes indistinctes
Et des demandes sans réponse.

Il en est qui vivotent seules,
Comme des aïeules,
Dans la tristesse et le brouillard ;
Et qui ont toujours l'air,
Dans l'air,
De suivre un corbillard.

D'autres encor sont des cloches épiscopales
Qui, dans les brumes pâles,
Ont le mépris des carillons légers,
Trop frivoles vraiment, vraiment trop passagers ;
Et, pour les absorber, elles font violence
— En un grand tintement final —
À l'air qui tremble d'avoir mal
Et frappent, comme à coups de crosse, le Silence.

GEORGES RODENBACH

Chanson de fou

Je les ai vus, je les ai vus,
Ils passaient, par les sentes,
Avec leurs yeux, comme des fentes,
Et leurs barbes, comme du chanvre.

Deux bras de paille,
Un dos de foin,
Blessés, troués, disjoints,
Ils s'en venaient des loins,
Comme d'une bataille

Un chapeau mou sur leur oreille,
Un habit vert comme l'oseille ;
Ils étaient deux, ils étaient trois,
J'en ai vu dix, qui revenaient du bois.

L'un d'eux a pris mon âme
Et mon âme comme une cloche
Vibre en sa poche.

L'autre a pris ma peau
— Ne le dites à personne —
Ma peau de vieux tambour
Qui sonne.

Un paysan est survenu
Qui nous piqua dans le sol nu,
Eux tous et moi, vieilles défroques,
Dont les enfants se moquent.

ÉMILE VERHAEREN

Barque d'or

Dans une barque d'Orient
S'en revenaient trois jeunes filles :
Trois jeunes filles d'Orient
S'en revenaient en barque d'or.

Une qui était noire
Et qui tenait le gouvernail,
Sur ses lèvres, aux roses essences,
Nous rapportait d'étranges histoires
    Dans le silence.

Une qui était brune
Et qui tenait la voile en main,
Et dont les pieds étaient ailés,
Nous rapportait des gestes d'ange,
    En son immobilité.

Mais une qui était blonde,
    Qui dormait à l'avant,
Dont les cheveux tombaient dans l'onde
    Comme du soleil levant,
Nous rapportait sous ses paupières,
    La lumière.

CHARLES VAN LERBERGHE

La femme

Mais maintenant vient une femme,
Et lors voici qu'on va aimer,
Mais maintenant vient une femme
Et lors voici qu'on va pleurer,

Et puis qu'on va tout lui donner
De sa maison et de son âme,
Et puis qu'on va tout lui donner
Et lors après qu'on va pleurer

Car à présent vient une femme,
Avec ses lèvres pour aimer,
Car à présent vient une femme
Avec sa chair toute en beauté,

Et des robes pour la montrer
Sur des balcons, sur des terrasses,
Et des robes pour la montrer
À ceux qui vont, à ceux qui passent,

Car maintenant vient une femme
Suivant sa vie pour des baisers,
Car maintenant vient une femme,
Pour s'y complaire et s'en aller.

MAX ELSKAMP

Et s'il revenait un jour...

Et s'il revenait un jour
Que faut-il lui dire?
— Dites-lui qu'on l'attendit
Jusqu'à s'en mourir...

Et s'il m'interroge encore
Sans me reconnaître?
— Parlez-lui comme une sœur,
Il souffre peut-être...

Et s'il demande où vous êtes
Que faut-il répondre?
— Donnez-lui mon anneau d'or
Sans rien lui répondre...

Et s'il veut savoir pourquoi
La salle est déserte?
— Montrez-lui la lampe éteinte
Et la porte ouverte...

Et s'il m'interroge alors
Sur la dernière heure?
— Dites-lui que j'ai souri
De peur qu'il ne pleure...

MAURICE MAETERLINCK

Bête à vivre et à périr

Bête à vivre et à périr
d'où viens-tu?

Bête et nœud de l'avenir
où vas-tu?

Bête qui ne sait rien dire
d'où viens-tu?

Bête à pleurer, bête à rire
où vas-tu?

Bête d'eau, de terre ou d'air
d'où viens-tu?

Bête d'argile à tout faire
où vas-tu?

Bête en moi qui me regardes
d'où viens-tu?

Bête à deux ou mille pattes
où vas-tu?

GÉO LIBBRECHT

Traversée

Et les femmes sont si belles
Et leurs noms ensoleillés
Sur la mer font brasiller
Des promesses si nouvelles

Et le navire est si blanc
Et les femmes sont si belles
Qui doucement s'échevellent
Aux tièdes vents émouvants

Et la contrée irréelle
Nous attend si tendre au bout
De ce long voyage doux
Parmi ces femmes si belles

Et la houle est une tant
Bleue et blanche balancelle,
Et les femmes sont si belles
Sous le ciel tant nonchalant.

MARCEL THIRY

Chanson

Chacun est venu sur la terre
pour montrer ce qu'il peut faire

La divette du music hall
pétille comme l'eau minérale

L'aviateur salue son altesse
sérénissime, la vitesse

Les amants, au clair de lune,
cueillent des chardons dans les dunes

Un monsieur en smoking
chante le God Save the King

Le nageur exécute un saut
et tombe à plat ventre dans l'eau

La jeune fille pratique
pleure des larmes symétriques

Le voyou siffle sur ses doigts
plus fier qu'un merle au bord du toit

Chacun est venu sur la terre
pour montrer ce qu'il peut faire

Et nous voyons tous les matins
le but d'un voyage sans fin

PAUL NEUHUYS

Banques du souvenir

Elles reviennent encore
Mains de prêle et de lilas
Au bord de la prime aurore
Hanter les cœurs que voilà

Cécile de jusquiame
Arlette tout en velours
Yvonne profond sésame
Mélangeant la nuit au jour

Douces lèvres qui se fanent
Aux lisières d'autrefois
Comme les fleurs diaphanes
Se fanent au fond des bois

Femmes d'ombre et de rivière
Dont l'onde n'est que baisers
Je remonte à la première
Par le fleuve du passé

Maria des anémones
Anne des saules pleureurs
Par delà les gués d'automne
L'amour est l'onde du cœur

Combien de chairs et d'amantes
Chantent l'écho du désir
J'ai mille femmes de rente
Aux banques du souvenir.

ROBERT GOFFIN

Dans la rigole

Le petit bateau de papier
Que Jean-Pierre fait naviguer
   Dans la rigole,

Voici qu'un fameux coup de vent
Vient l'ouvrir comme un oiseau blanc
   Et qu'il s'envole.

Jean-Pierre s'envole avec lui,
Le céleste bateau l'unit
   À sa démence.

À présent, son aile est immense.
Le cœur de Jean-Pierre y balance,
   Riche et béni

Et pour jamais — leurre ou bonheur,
Cette nuageuse demeure
   Sera son nid,

Au-delà des temps et des lieux
Sous l'éclair où même les dieux
   Sont éblouis.

Adieu, Jean-Pierre, adieu, rigole,
Papa, Maman, devoirs, école ;
   La vie est folle
   Dans l'infini.

GÉO NORGE

Être bon

Un éléphant se baladait dans ma cuisine
je lui ai dit très gentiment
tu n'es pas ici chez un marchand
de porcelaine
tu es chez le poète
apprends à te conduire
et il disparut avec délicatesse sagement.

Un éléphant blanc cette fois
chose rare
se baladait dans le corridor
et je lui dis
tu n'es pas chez un énergumène
et voilà qu'il me répond
pardon monsieur le poète pardon

J'aurais pu croire
que j'en avais terminé avec les éléphants
et je vais dans ma chambre à coucher
Par principe
je regarde en dessous de mon lit
vous savez bien ce que parler veut dire
j'y trouve encore un éléphant

Je ne me suis pas fâché
je n'ai pas cru à une farce
je lui ai dit
viens dans mon lit mon vieux
viens dormir avec moi
à chaque jour suffit sa peine

je t'accorde le bénéfice du droit d'asile
Et je me suis endormi
paisiblement

ACHILLE CHAVÉE

Ils réclamaient

Ils réclamaient du pain,
Ils réclamaient des fruits.
On leur fit des usines
Ronflantes de machines
Et l'on mit dans leurs mains
Des bêches, des marteaux,
Des haches, des couteaux
Et même des fusils.

Et comme ils réclamaient,
Étonnants de candeur,
Ne fût-ce, dans la paix,
Qu'un semblant de bonheur,
On leur parla d'un Dieu
Cloué en croix pour eux.

MAURICE CARÊME

Noël

Tout l'amour tente encor de gagner la bataille
La neige du jardin a pris son air d'été.
Dieu glisse doucement de la femme à la paille
L'aile de l'ange porte un peu de sang léger.

J'écoute quelque part marcher de lourdes bêtes,
La lune fait briller des tapis à leurs flancs
Et des rois costumés d'avance pour la fête
Avec des gestes ronds se parlent d'un enfant.

Cette année à Noël j'ai l'âge de la crèche,
Sa bonne chaude paille et le souffle profond
Du vieil âne et du bœuf qui réchauffe la neige.
J'ai mille ans de pitié enfermés sous mon front.

Que l'enfant est petit sans fin remis au monde!
J'ai mal en cette nuit pour les projets de Dieu,
Pour l'ange refusé, pour l'étoile qui tombe,
Pour ce qui est en route et pleure dans nos yeux.

ANDRÉE SODENKAMP

Me voici...

Me voici m'enfonçant dans la force de l'âge
comme je m'enfonçais jadis dans l'équateur
Tantôt je suis chargé d'une chaleur d'orage
et tantôt je me vois gagner de la hauteur

J'aurai tout demandé au dieu de l'existence
L'aventure son vin l'ordre de la raison
le conseil de la pie en haut de la potence
l'aile d'un ange au seuil d'une calme maison

Voir se fermer les yeux sévères de son père
Voir s'entr'ouvrir les yeux de son premier enfant
Aimer la femme plus que l'on aima sa mère
Devenir un marchand de parole de vent

Cinquante ans à user les routes de la terre
le sable de la vie avec la mort au bout
avec dans l'herbe haute une souple panthère
le bel amour couché près d'un chasseur debout

Cinquante ans à fourbir ses outils pour la tâche
à dormir à manger à tremper son pain d'eau
à vouloir être brave en étant toujours lâche
Cinquante ans sur la terre en attendant Godot

Pour trouver un ami traverser les frontières
Voir le désert assis sur un tapis volant
Dans ses bras comme un corps presser la terre entière
puis revenir chez soi d'un pas un peu plus lent

Naître vivre mourir sans comprendre pourquoi
parce qu'il faut quelqu'un pour donner le spectacle
parce que l'arc attend la flèche du carquois
parce que doit s'ouvrir la bouche de l'oracle

Mûrir mourir pourrir pour être une âme pure
pour mériter l'honneur de quitter ce vieux corps
pour savoir qui l'on est pour trouver sa figure
comme fait un acteur derrière le décor

Comme est long comme est lourd ce métier de
                                        [paraître
de finir comme un pain au fond du four banal
ce souci de remplir une forme Et puis d'être
un peu de sang que boit la page d'un journal

ROGER BODART

Forêt flottée

Forêt couchée au fil de l'eau, forêt flottée, sans branches et sans oiseaux, long train fluvial drainé par le silence, tu vas te relever bientôt.

Tu vas couvrir des halles et des églises, tu vas croiser tes fûts, tu vas nous revenir en portails, en poteaux, en balises, en jetées, en planchers de salles de danse.

Ah ! forêt, tu vas nous contenir, tu vas nous faire des lambris, des parois, des remparts de tes troncs, tu nous seras fortin, tu nous serreras bien entre tes pieux profonds.

Forêt flottée, mon Ophélie, je te demande pardon pour ces coups de cognée, pour cette coupe à blanc, pour ce halage à sec, pour ces plongeons glacés, pour cet exil à nu, pour ce convoi bagnard.

Relève-toi, forêt, nous t'attendons, nous t'aimerons ; tu nous abriteras et nous t'habiterons.

Jean Mogin

Ils ne savent plus le soleil

Ils ne savent plus le soleil :
pour horizon, quatre murs blêmes.
Les cachots partout sont pareils,
partout les bourreaux sont les mêmes.

Au nom du bien, au nom du mal,
de Dieu, du diable, de personne,
de saint Marx, de saint Capital,
de tout, de rien, on emprisonne,

on frappe, on tue, on jette en tas :
blancs ossements sous la chaux vive.
Jeanne, Mehmet et Nikita
morts pour qu'en l'homme l'homme vive.

Puis on agite des drapeaux,
on se rassemble en beaux cortèges.
Frères, c'est moi, et c'est ma peau
qu'on change en herbe, en boue, en neige.

Dans le vent j'écoute ces voix,
de jour, de nuit, rumeur qui monte,
et des visages devant moi
soudain se lèvent pour ma honte.

Carmen, Ali, Rachel, Kolya.
O liberté, qu'on te défende.
Pour ceux qui t'aiment il y a
toujours des prisons qui attendent.

LILIANE WOUTERS

Naer Oostland

Naer Oostland willen wy ryden,
   naer Oostland willen wy meê,
al over die groene heiden,
   frisch over die heiden,
daer isser een betere steê.

Als wy binnen Oostland komen
   al onder dat hooge huys fyn,
daer worden wy binnen gelaten,
   frisch over die heiden,
zy heeten ons willekom zijn.

Ja, willekom moeten wy wezen,
   zeer willekom moeten wy zyn,
daer zullen wy avond en morgen,
   frisch over die heiden,
nog drinken den koelen wyn.

Wy drinken den wyn er uit schalen,
   ent bier ook zoo veel ons belieft;
daer is het zoo vrolyk te leven,
   frisch over die heiden,
daer woont er myn zoete lief.

               Onbekende Dichter

Nous voulons aller en Ostlande

Nous voulons aller en Ostlande
en Ostlande, oui, nous irons.
Par delà les landes, les brandes,
à la fraîche, par les buissons,
meilleure cité trouverons.

Et quand nous serons en Ostlande,
dessous une haute maison,
ils ouvriront les portes grandes,
à la fraîche, par les buissons,
bienvenue ils souhaiteront.

Ils ouvriront les portes grandes.
Bienvenue ils souhaiteront.
Le soir, le matin, qu'ils nous tendent,
à la fraîche, par les buissons,
le vin jeune. Nous le boirons.

Dans les coupes, le vin qu'ils tendent,
et la bière, et toute boisson.
Ah ! qu'il fait bon vivre en Ostlande,
à la fraîche, par les buissons,
où mon amour a sa maison.

Anonyme du XIVe siècle
(Traduction de Liliane Wouters)

'K En hore u nog niet,...

'k En hore u nog niet,...
o nachtegale, en
de paaszunne zit
    in 't oosten;
waar blijft gij zo lange,
of hebt gij misschien
vergeten van ons
    te troosten?

't En zomert, 't is waar,
't en lovert, 't en lijdt
geen bladje nog uit
    de hagen;
't zit ijs in den wind,
't zit sneeuw in de lucht,
't is stormen, dat 't doet,
    en vlagen.

Toch spreeuwt het en vinkt
het luide, overal;
de merelaan lacht
    en tatelt;
het must en het meest,
het koekoet in 't hout;
het zwaluwt en 't zwiert
    en 't swatelt.

Je ne t'entends pas encore...

Je ne t'entends pas,
rossignol des bois,
et Pâques à l'est
    va naître ;
dis-moi où tu restes.
As-tu oublié
de nous consoler,
    peut-être ?

L'été erre loin
des haies, des chemins,
et pas une feuille
    ne sort.
L'air est plein de neige,
la glace l'assiège
et jusques aux seuils
    nous mord.

Il merle, il pinsonne,
la brise résonne ;
l'hirondelle folle
    babille ;
La pie dans le houx,
au bois, le coucou,
le geai, dans le saule,
    sautillent.

Waar blijft hij zo lang,
de nachtegale ; en
vergeet hij van ons
  te troosten ?
't En zomert nog niet,
maar zomeren zal 't :
de Paaszunne zit
  in 't oosten.

GUIDO GEZELLE

Toi qui nous consoles,
ardent rossignol,
quand vas-tu paraître
   plus leste ?
L'été n'est pas loin,
mais il vient, il vient,
et Pâques va naître
   à l'est.

GUIDO GEZELLE
(Traduction de Maurice Carême)

Wat is het goed aan 't hart

Wat is het goed aan't hart van zacht verliefd te zijn,
zijn luimen naar een verre' of nâren lach te meten,
en, te elken avond weêr het kommer-brood gegeten,
weêr blij te mogen rijze' in iedren morgen-schijn,
deed nieuwe liefde-lach het oude leed vergéten.

Ik weet niet wat geluk is; maar uw schoon gelaat
is kalm, en maakt me blijde, en doet mijn leden rillen;
— en 'k lách, gelijk een kind dat door een water
                                              [waadt,
en, vreemde vreugde in de ogen, áazelt in den killen
en ringlend-zilvren vloed die zijne voeten baadt.

Want ik bemin u, vrouw; en zo mijn dralend
                                        [schromen
slechts de ogen toé uw tegen-lachen is genaakt:
zo was ik als een kind dat, gerens-blij gekomen
naar glanz'ge vruchten-pracht in lomende
                                        [avondbomen,
beducht om zóveel schoons, geen enkle vrucht en
                                              [raakt.

KAREL VAN WOESTIJNE

Ah! qu'il est doux au cœur...

Ah! qu'il est doux au cœur d'être pris par l'amour,
d'accorder son humeur à un rire lointain
et chaque soir, après avoir mangé le pain
du souci, de renaître avec les feux du jour
quand un rire tout neuf efface un vieux chagrin.

Je ne sais ce qu'est le bonheur, mais ton visage
qui fait frémir mon corps est calme et me rend gai ;
je ris comme un enfant qui passe l'onde à gué
et qui, comblé de joie, tremble, hésite et s'engage
dans l'eau cerclée d'argent qui lui baigne les pieds

Car je t'aime, ô femme, et si mon étrange peur
n'aborde ton sourire que les yeux fermés,
je suis comme un enfant qui, guignant la splendeur
des fruits luisant dans les arbres pesants de nuit,
troublé par leur beauté, ne touche à aucun fruit.

KAREL VAN DE WOESTIJNE
(Traduction de Maurice Carême)

Aankomst in het duin

Wie veertig jaar wordt zal zichzelven kennen
of anders is het beter dat hij sterft;
de geest begint zich weer aan't vlees te wennen,
en dit wordt moe, het schone bloed bederft.
Maar wie zijn bron weet en haar verder vloeien,
haar dieper graven aan zijn zomen meet,
kan bochten maken en het lis zien bloeien
of eenzaam worden om een kievitskreet.
Hij telt de sterren die zijn loop bestieren,
herkent zijn bomen aan hun schaduwval,
hij trekt zijn grens voor mensen en voor dieren,
ziet in de wolken waar hij einden zal.
Geboren uit wat aarde en wat regen,
gebonden door zijn oevers en zijn lot,
kent hij de perken van zijn vrij bewegen
tot ginds aan zee : zijn moeder en zijn god.
Hier in dit duin bij spar en populieren,
in 't lage huis met vrouw en hond en boek,
wil ik tevreden zijn met simpele manieren
en zien wie 'k ben, het laatste wat ik zoek.

Karel Jonckheere

Arrivée dans la dune

À quarante ans, l'homme doit se connaître
ou bien alors il vaudrait mieux qu'il meure.
L'esprit s'éveille à nouveau dans la chair
qui devient lasse et lente et sans chaleur.
Mais qui devine et sa source et son cours
profondément creusé, sait à son tour
se diriger selon des courbes claires,
voir s'entrouvrir l'iris et, solitaire,
se recueillir pour écouter, sur l'eau,
mourir la plainte affaiblie d'un vanneau.
Il dénombre les astres qui le mènent,
reconnaît l'arbre à son ombre sereine,
lit dans les nues où il ira se perdre
et comprend mieux les choses et les êtres.
Né d'un peu de pluie et d'un peu de terre,
à son destin étroitement lié,
il mesure ses rives et les lieux
qu'il peut enfin librement arpenter
jusqu'à la mer : sa genèse et son Dieu.
Dans cette dune, avec simplicité,
parmi les pins et les hauts peupliers,
je tente d'être heureux et je veux vivre
avec mon chien, ma femme et quelques livres
dans ma maison, et savoir qui je suis,
dernier secret qui me hante aujourd'hui.

KAREL JONCKHEERE
(Traduction de Maurice Carême)

Gedicht voor mijn vrouw

Mijn grijzend haar, vrouw, neem ik als vermaan
dat mij helpt leren dag na dag te grijpen.
Lelijke rimpels heb ik in mijn voorhoofd staan
en dat is : ouder worden. Maar ook rijpen.

Ga niet de tijd na. Hij wordt zó geteld
dat hij een zelfde last legt op ons beiden.
Laat dat geen kennis zijn die ons ontselt :
zolang wij leven, zijn wij niet gescheiden..

Ik ben immers uw eerste minnaar nog,
gij de eerste vrouw waarvoor ik ben bezweken
en nergens kwam de pijn van een bedrog
de zoetheid van ons samenzijn verbreken.

O lust waarin ik schaamteloos, vrijuit
uw eigen lust laaiend mag naderkomen :
de vrouw in u is schoner dan de bruid,
die ik met zoveel hunker heb genomen.

En schoner is, aan zorg en werk en kind,
wat gij als kansen in mij openbaarde
Toen ik u koos, waart gij mijn voorjaarswind,
sindsdien zijt gij mijn aarde.

Herwig Hensen

Poème pour ma femme

Mes cheveux gris, femme, m'aident, m'exhortent
à saisir jour par jour notre avenir.
Et, sur mon front, ces rides que je porte
me parlent de vieillir. Et de mûrir.

Ne compte pas le temps. Pourvu qu'il pèse
sur chacun de nous deux le même poids.
Le connaissant, gardons-nous du malaise
tant que le vivre reste toi et moi.

Je suis toujours ton premier amant, comme
tu es la seule en qui je me perdis.
Dans cet aller ensemble nous ne sommes
jamais par un mensonge contredits.

Plaisir auquel sans honte, par les flammes
de ton délice, avec ardeur j'atteins.
Plus que la fiancée encor la femme
est belle en toi — et Dieu sait si j'eus faim.

Et cette chance que tu m'as donnée
avec les peines, les travaux, l'enfant.
Sur mon avant-saison brise étonnée,
tu es le sol qu'aujourd'hui je défends.

HERWIG HENSEN
(Traduction de Liliane Wouters)

Genealogie

Tussen twee heuvelen van Brabant in
is de geschiedenis tot grond verteerd.
Geen steen, geen korrel of hij draagt een zin,
een hand, een hart heeft zich aan hem bezeerd.

Harten, handen, die 'k ben en die 'k bemin,
lijfeigenen die anders lijf begeert,
hoe lang hebt gij gewroet, om wiens gewin
zijt gij in zonde en armoe gecrepeerd!

Want uw geschiedenis ben ik... De grond
en ik zijn al wat rest in deze stond,
twee zuren die elkaar benaderen.

Zij prikken de papillen in mijn mond,
zij zetten 't virus in mijn aderen,
o stalmeiden en dronkaards, vaderen.

JOS DE HAES

Généalogie

Entre ces deux coteaux dressés
dans le Brabant, l'histoire s'est changée en terre.
Pas une pierre, un grain qui n'ait sa marque austère,
une main, un seul cœur qui ne s'y soit blessé.

Vous que j'aime, vous que je suis, vous, cœurs et mains
et vous, serfs qui rêviez d'un sort moins dur,
combien de temps avez-vous peiné, pour quel gain
vous êtes-vous tués, miséreux et impurs !

Car je suis votre histoire... Cette terre
et moi, c'est tout ce qui reste d'hier :
deux acides qui vont se rapprochant.

Ils irritent mes papilles amères,
mettent leur poison dans mon sang,
ô vachères, ô ivrognes, mes pères !

JOS DE HAES
(Traduction de Maurice Carême)

Danemark

DANEMARK

Kongeriget Danmark, Monarchie Constitutionnelle
40 069 km²
5 135 000 habitants.

Avant l'introduction du christianisme la poésie épique danoise relève d'une tradition orale qui exalte les prouesses des Vikings et la traduction de la *Bible* en 1550 va inspirer les cantiques de Hans Christensen Stehn puis l'œuvre de Thomas Kingo, évêque de Fionie. La poésie profane n'est certes pas absente mais elle est d'une monotone platitude.

Au XVIIIᵉ siècle, dans la prospère Copenhague, la vie intellectuelle est dominée par l'œuvre de Ludvig Holberg, poète satirique à la plume virulente, alors que son contemporain, l'évêque Hans Adolf Brorson, en reste encore aux psaumes mystiques sentimentaux. Le meilleur poète profane est le joyeux bohème Ambrosius Stub mais le plus grand est Johannes Ewald dont l'œuvre annonce déjà le Romantisme.

Un Romantisme qui, au XIXᵉ siècle, va puiser aux sources de l'ancienne poésie scandinave, le chef de file se nommant Adam Oehlenschläger tandis que Grundtvig devient le poète national à l'idéal démocratique. Citons encore Schack von Staffeldt et Ingemann ainsi que deux poètes de l'amour : Christian Winther et son rival Emil Aarestrup, enfin Holger Drachmann qui atteint à la virtuosité formelle.

Au XXᵉ siècle, Valdemar Rørdam exalte l'énergie, l'héroïsme, l'aspiration à l'idéal, la nature sauvage, mais les thèmes de prédilection de ses contemporains s'orientent plutôt vers la célébration des joies de la vie, de l'amour émancipé des morales rigides, de la puissance de la civilisation industrielle. Les représentants les plus marquants se nomment Hans Hartvig Seedorff, Emil Bønnelycke, Tom Kristensen, Paul La Cour, le surréaliste Jens Schade, Sophus Claussen, Nis Petersen et Thorkild Bjørnvig.

Hver har sin skæbne

Sorrig og Glæde de vandre tilhaabe,
    Lykke, Ulykke de ganger paa Rad,
Medgang og Modgang hin anden anraabe,
    Soelskin og Skyer de folgis og ad!
        Jorderiigs Guld
        Er prægtig Muld,
Himlen er Ene af Salighed fuld.

Alle Ting hâr sin foranderlig Lykke!
    Alle kand finde sin Sorrig i Barm!
Tiit ere Bryst, under dyrebar Smykke,
    Fulde af Sorrig og hemmelig Harm!
        Alle hâr sit,
        Stort eller Lit!
Himlen allene for Sorgen er qvit!

Velde og Vijsdom og timelig Ære,
    Styrke og Ungdom i blomstrende Aar,
Høyt over andre kand Hovedet bære,
    Falder dog af og i Tjden forgaar!
        Alle Ting maa
        Enden opnaa,
Himmelens Salighed Ene skal staa!

Deyligste Roser hâr stindeste Toorne,
    Skiønneste Blomster sin tærende Gift,
Under en Rosen-kind Hiertet kand foorne,
    For dog at Skæbnen saa sælsom er skift!

Chacun a son destin

Douleur et plaisir ensemble font chemin,
    Bonheur, malheur se suivent pas à pas,
Succès et insuccès se tendent la main,
    Soleil sans nuages n'existe pas !
      L'or de la terre
      N'est que poussière,
Seul le ciel est plein d'une joie entière.

Rien ne connaît ici qu'un bonheur changeant !
    Chacun peut sentir son deuil au cœur !
Plus d'une poitrine où brillent des diamants
    Dans son secret déborde de douleur !
      Chacun son lot,
      Petit ou gros !
Au ciel seul on n'entend pas de sanglots !

Empire et sagesse et temporel honneur,
    Vigueur du corps, florissante jeunesse,
Peuvent porter haut leur front dominateur,
    Tôt ou tard sans merci ils disparaissent !
      Tout ici-bas
      A son trépas,
Seule la joie du ciel demeurera !

La plus belle rose a la plus dure épine,
    Les plus belles fleurs un fatal venin,
Un cœur se flétrit sous la plus fraîche mine,
    Qu'étrange est le partage du destin !

I Vaade-vand
Flyder vort Land,
Himlen hâr Ene Lyksaligheds Stand.

Lad da min Lod og min Lykke kun falde
Hvordan min GUd og min HErre hand vill,
Lad ikkun Avind udose sin Galde,
Lad kun og Verden fulddrive sit Spill!
Tjdernis Bom
Bliver dog tom,
Himlen skal kiore altingest her-om!

THOMAS KINGO

Notre barque est
Des flots le jouet,
Seul le ciel offre une rade de paix.

Que donc mon destin et ma fortune soient
Ce que les veut mon Seigneur et mon Dieu,
Laissons l'envie cracher son fiel sur sa proie,
Le monde finir de jouer son jeu !
Au temps rapide,
L'ensouple vide,
Le ciel à jamais fera tourner bride !

THOMAS KINGO
(Traduction de Pierre Naërt)

Prindsessen paa ærten

Der var engang en Prinds, han vilde have sig en Prindsesse, men det skulde være en *rigtig* Prindsesse. Saa reiste han hele Verden rundt, for at finde saadan en, men allevegne var der Noget i Veien, Prindsesser vare der nok af, men om det var *rigtige* Prindsesser, kunde han ikke ganske komme efter, altid var der Noget, som ikke var saa rigtigt. Saa kom han da hjem igjen og var saa bedrøvet, for han vilde saa gjerne have en virkelig Prindsesse.

En Aften blev det da et frygteligt Veir; det lynede og tordnede, Regnen skyllede ned, det var ganske forskrækkeligt! Saa bankede det paa Byens Port, og den gamle Konge gik hen at lukke op.

Det var en Prindsesse, som stod udenfor. Men Gud hvor hun saae ud af Regnen og det onde Veir! Vandet løb ned ad hendes Haar og hendes Klæder, og det løb ind ad Næsen paa Skoen og ud ad Hælen, og saa sagde hun, at hun var en virkelig Prindsesse.

"Ja, det skal vi nok faae at vide!" tænkte den gamle Dronning, men hun sagde ikke Noget, gik ind i Sovekammeret, tog alle Sengeklæderne af og lagde en Ært paa Bunden af Sengen, derpaa tog hun tyve Madrasser, lagde dem ovenpaa Ærten og saa endnu tyve Ederduuns-Dyner oven paa Madrasserne.

Der skulde nu Prindsessen ligge om Natten.

Om Morgenen spurgte de hende, hvorledes hun havde sovet.

La princesse sur le petit pois

Il était une fois un prince qui voulait épouser une princesse, mais encore fallait-il que ce fût une vraie princesse. Il fit donc le tour du monde pour en trouver une, mais partout il y avait quelque chose qui clochait. Ce n'était pas les princesses qui manquaient, mais qu'elles fussent de véritables princesses, il ne pouvait jamais s'en assurer : il se trouvait toujours quelque chose qui n'était pas tout à fait comme il fallait. Il rentra donc chez lui, fort triste, car il aurait tant voulu épouser une princesse authentique !

Or, un soir, il éclata un terrible orage : éclairs, tonnerre, la pluie tombait à verse, c'était épouvantable ! Et voici qu'on frappa à la porte de la ville, et le vieux roi alla ouvrir.

C'était une princesse qui se tenait à la porte. Mais, mon Dieu, dans quel état l'avaient mise la pluie et le mauvais temps ! L'eau lui ruisselait des cheveux et des habits, et elle lui coulait du nez dans les souliers et ressortait par les talons, et elle n'en dit pas moins qu'elle était une vraie princesse.

« C'est ce que nous allons savoir ! » pensa la vieille reine, mais sans souffler mot ; elle entra dans la chambre, tira tous les draps et mit un petit pois au fond du bois de lit, puis elle prit vingt matelas, les empila par-dessus le petit pois, et finalement vingt édredons par-dessus les matelas.

Et c'est là-dessus que la princesse dut passer la nuit.

Le lendemain matin, ils lui demandèrent comment elle avait dormi.

"O, forskrækkelig slet!" sagde Prindsessen, "jeg har næsten ikke lukket mine Øine den hele Nat! Gud veed, hvad der har været i Sengen? Jeg har ligget paa noget Haardt, saa jeg er ganske bruun og blaa over min hele Krop! Det er ganske forskrækkeligt!"

Saa kunde de see, at det var en rigtig Prindsesse, da hun gjennem de tyve Madrasser og de tyve Ederduuns-Dyner havde mærket Ærten. Saa omskindet kunde der Ingen være, uden en virkelig Prindsesse.

Prindsen tog hende da til Kone, for nu vidste han, at han havde en rigtig Prindsesse, og Ærten kom paa Kunstkammeret, hvor den endnu er at see, dersom Ingen har taget den.

See, det var en rigtig Historie!

HANS CHRISTIAN ANDERSEN

« Oh, atrocement mal ! » répliqua la princesse, « je n'ai presque pas fermé l'œil de la nuit ! Dieu sait ce qu'il pouvait bien y avoir dans ce lit ? J'étais couchée sur quelque chose de dur et j'ai le corps tout plein de bleus et de noirs ! C'est atroce ! »

Ils reconnurent alors que c'était une véritable princesse, puisqu'elle avait senti le petit pois à travers les vingt matelas et les vingt édredons. Car personne d'autre qu'une vraie princesse ne pouvait avoir la peau aussi délicate.

Le prince la prit pour femme, étant sûr désormais d'avoir trouvé une princesse véritable, et quant au petit pois, on le mit au musée, où on peut encore le voir, à moins qu'on ne l'ait volé depuis.

Et voilà une vraie histoire !

HANS CHRISTIAN ANDERSEN
(Traduction d'Henri Plard)

Kirke-Klokken

Kirke-Klokke! ei til Hovedstæder
Støbtes du, men til den lille By,
Hvor det høres trindt, naar Barnet græder,
Og inddysses blidt ved Vuggesang.

Mens som Barn paa Landet jeg var hjemme,
Julemorgen var mit Himmerig,
Den du meldte mig med Englestemme,
Kimed klart den store Glæde ind.

Høiere dog stemde dine Toner,
Naar de med "den gyldne Soel frembrød,"
Kimed: Støv! opreist er din Forsoner,
Stat nu op i Paaske-Morgengry!

Lifligt dog det klinger helst om Høsten,
I den stille, svale Aftenstund;
Giennem Jorderig gaaer Himmelrøsten,
Kalder Sjælen til sin Hvile ind.

Kirke-Klokke! naar tilsidst du lyder
For mit Støv, skiøndt det dig hører ei,
Meld da mine Kiære, saa det fryder:
Han sov hen, som Soel i Høst gaaer ned!

                              NICHOLAS GRUNDTVIG

Cloche de l'église

Cloche, ce n'est pas pour des capitales
Qu'un saintier coula l'airain dans la gueuse,
Mais pour le village où des pleurs signalent
L'enfant que bientôt charme une berceuse.

Je jouais, enfant, des champs jusqu'aux granges.
Neiges de Noël quand l'aube poudroie !
Au petit matin ta claire voix d'ange,
Cloche de l'église, éveillait ma joie.

Quand l'or du soleil flamboyait à Pâques,
Ton carillon gai m'ordonnait : « Plus vite,
Debout, mon enfant ! Pas encor d'attaque ?
L'aurore est en fête et Christ ressuscite ! »

Tinte un angélus dans l'automne rousse
Au frais crépuscule où plane le calme.
Passe alors dans l'air une Voix très douce,
À la paix divine invitant nos âmes.

Quand tu tonneras, cloche de l'église,
(Mais je serai sourd) pour mes cendres-mêmes,
Moi, soleil éteint, je veux que tu dises :
« Demeurez en joie ! » à tous ceux que j'aime.

NICHOLAS GRUNDTVIG
(Traduction de Bernard Lorraine)

Imperia

Jeg er Imperia, Jordmassens Dronning,
urstærk som Kulden, der blunder i Bjergenes Skød,
mørk og ubøjelig — ofte jeg drømmer mig død.

Pragt er min Higen. Jeg kender ej Mildhed.
Jeg er den golde Natur, det udyrkede Øde,
som giver Stene for Brød, og som nægter at føde.

Ingen kan vække mig uden min Elsker,
Ilden, min Herre, til hvem jeg er givet i Vold,
saa at jeg røres til Afgrundens dybeste Fold.

Under den Græstørv, som vendes af Ploven,
hviler mit jernfaste Indre unærmelig frit.
Hver, som er gold i sit Hjerte, har noget af mit.

Af mine Kullags og Malmaarers Gifte
blaaner den Vaarsæd, som yder det nærende Mel.
Vantrives Markerne — min er den vantrevne Del.

Giftige Kratere, rygende Dybder,
sortsvedne Huler, der stinker af Svovl og Metal,
aabner sig brat, naar jeg lyder mit flammende Kald.

Kongernes Slot har jeg sænket i Havet,
slaaet den Fattiges fattige Lykke i Skaar...
og er utømmelig rig for Millioner af Aar.

Impéria

Je suis Impéria, la reine de la masse
terrestre, aussi forte que le sommeil des glaces,
implacable, et souvent je vis ma mort en rêve.

Splendeur de mon désir ! J'ignore la bonté.
Je suis stérilité des déserts et des grèves
(pour pain j'offre la pierre) et refus d'enfanter.

Nul ne peut m'éveiller, excepté mon amant
le feu, mon maître dont la puissance sublime
me possède et me travaille jusqu'aux abîmes.

Sous l'herbe, que l'araire enfouit dans les champs,
dorment mes entrailles de fer, libres et stables.
Tout être au cœur stérile est ici mon semblable.

Le poison des charbons, le métal de mes veines
au printemps font bleuir les blés nourriciers.
Maigres sont les moissons mais les ivraies sont miennes.

Cratères vénéneux, fumerolles des gouffres,
noirs repaires puant les oxydes, le soufre,
tout crache à l'appel de mon destin de brasier.

J'ai englouti sous l'eau le palais des puissants,
j'ai détruit les pauvres bonheurs des pauvres gens...
Je suis riche à jamais, pour des millions d'années.

Kom til mit Hjerte, der aldrig har frygtet.
Doren er opladt. Jeg venter ubændig min Elsker.
Stort er hans Kød. Og vor Lykke skal blive berygtet.

SOPHUS CLAUSSEN

Viens à mon cœur qui hait la peur, pour l'hyménée.
La porte en est ouverte où j'attends mes amants.
Noble, leur chair ! Et notre joie sera damnée.

SOPHUS CLAUSSEN
(Traduction de Bernard Lorraine)

Ahorntræet

Længst staar nu Ahorntræet gult;
Da hører jeg en Stæreflok,
et heftigt Sus af mange Vinde —
paa én Gang staar det gule Træ
optændt af Jubell! Disse Fugle,
de hører ikke Træet til,
men Kalk og Muld og Luft og Farve
og det vi intet véd om: Fryd —
dog fylder de dets Krone med
ekstatisk Skrig, hør Træet synger,
Tunger af Ild, Struber af Ild,
Jordskælv af Lyd, en Salighed
saa Luften flammer — Afsked, Afsked;
men Smærte er umulig her,
med dette vilde Skrig i Øret
véd jeg at Glæden overlever,
tag blot min Glæde med — langt fra
at I behøver den, men Glæden
skal samles med al Fryd, som findes,
dér hvor Misundelserne blegner,
Skinsyge, Forskel, Nag forsvinder,
fordi enhver er med, — delagtig
i den udelelige Fryd.
Det Sted er til; derfra er Livet.
Brænder fremdeles Ahorntræet,
saa opfyldt af sin egen Stilhed,
af indre Sol, at Kronen svæver —

THORKILD BJØRNVIG

L'érable

L'érable d'automne est doré
où j'entends un vol d'étourneaux,
un bruis multiplié de vents ;
tout d'un coup l'or de l'arbre flambe
de jubilation. Ces oiseaux
sont d'un autre monde que l'arbre :
ils appartiennent au calcaire,
à l'humus, à l'air, aux couleurs,
aux éléments indéchiffrables.
Joie ! Leurs piaillements extatiques
couronnent l'érable chanteur ;
langues de feu, gosiers de feu,
maelström de chants, béatitude
qui incendient l'air alentour.
Partir avec eux ! La douleur
ici n'a pas droit de cité.
Cris sauvages dans mes oreilles !
Que ma douleur se mue en joie,
que les envies, les jalousies,
les rancunes s'évanouissent !
Chacun a sa part de bonheur,
de joie plénière et indivise.
Et lorsque les oiseaux s'envolent
c'est un autre arbre qui s'embrase.
Silencieux maintenant, l'érable
brûle encor, plein de son silence,
comme d'un soleil intérieur.

THORKILD BJØRNVIG
(Traduction de Bernard Lorraine)

Espagne

Espagne

Estado español, Monarchie Constitutionnelle
504 000 km²
39 159 000 habitants.

Le castillan devenu au XIIᵉ siècle langue officielle, la poésie subit d'abord les influences italiennes et françaises et, jusqu'au XVIᵉ siècle marqué par la tradition lyrique du marquis de Santillane, prédominent le genre narratif appelé *Cancionero*, puis jusqu'au XVIIᵉ siècle les *Romanceros*, romances d'origine populaire sur fond d'aventures héroïques que les romantiques européens traduiront ou adapteront.

Le XVIᵉ siècle donc, siècle d'or de la poésie, c'est avant tout celui de Garcilaso de la Vega qui joue le même rôle que notre Ronsard. Un autre génie prend la relève, Lope de Vega, brillant dans tous les genres, sur tous les tons, impérieux tempérament d'exubérance. Le XVIIᵉ siècle finissant dans le désenchantement et la décadence nationale compte deux autres poètes importants : Góngora, le maître du raffinement précieux, adversaire déclaré de Quevedo, le réaliste doublé d'un humoriste féroce. Après eux, et tout au long du XVIIIᵉ siècle, l'Espagne se contente souvent d'imiter la France, l'Angleterre, l'Italie.

Au XIXᵉ siècle, le génie national se réveille sous l'impulsion du mouvement romantique européen qui découvre le passé chevaleresque de l'Espagne (Schiller et Hugo en particulier). Les Espagnols fêtent alors deux poètes marquants : José de Espronceda et

Zorrilla, mais c'est le sensible Gustavo Adolfo Bécquer, modéré dans l'emphase, qui nous apparaît
comme le plus authentique.

Le XXᵉ siècle est plus encore un grand siècle de
poésie dans une Espagne donnant libre cours à ses
aspirations à la spiritualité, aux libertés créatrices, à
l'intimisme, au culte jaloux des différences entre les·
tempéraments poétiques. Miguel de Unamuno devient
le guide spirituel d'une génération nouvelle, suivi de
Antonio Machado qui résume l'âme de la Castille,
Juan Ramón Jiménez, prix Nobel 1956, Jorge Guillén, un perfectionniste qui n'a cessé de remanier son
œuvre, Pedro Salinas, poète de la confidence murmu-
rée, Federico García Lorca, l'enchanteur au destin
tragique, Rafael Alberti qui orchestre avec virtuosité
toutes les aventures et les tendances de la modernité,
et Vicente Aleixandre, autre prix Nobel, tourné vers la
fraternité universelle et les richesses spirituelles de
l'existence.

Mais il faut compter aussi avec une centaine
d'autres poètes plus jeunes dont nous rendent compte
régulièrement les anthologies actuelles scrupuleuse-
ment mises à jour et renouvelées, ainsi que les recueils
individuels dans des éditions souvent bilingues, pour
notre plus grand plaisir.

Llama de amor viva

¡Oh llama de amor viva,
que tiernamente hieres
de mi alma en el más profundo centro!
Pues ya no eres esquiva,
acaba ya si quieres,
rompe la tela deste dulce encuentro.

¡Oh cauterio suave!
¡oh regalada llaga!
¡oh mano blanda! ¡oh toque delicado,
que a vida eterna sabe,
y toda deuda paga!
Matando, muerte en vida la has trocado.

¡Oh lámparas de fuego,
en cuyos resplandores
las profundas cavernas del sentido,
que estaba oscuro y ciego,
con extraños primores
calor y luz dan junto a su querido!

¡Cuán manso y amoroso
recuerdas en mi seno,
donde secretamente solo moras!
y en tu aspirar sabroso
de bien y gloria lleno
¡cuán delicadamente me enamoras!

SAN JUAN DE LA CRUZ

Flamme vive d'amour

Ô flamme vive, ô sainte ardeur
Qui, par cette douce blessure,
Perce le centre de mon cœur ;
Maintenant ne m'étant plus dure,
Achève et brise si tu veux
Le fil de ce rencontre heureux.

Ô place d'extrême douceur,
Plaie toute délicieuse,
Mignarde main, toucher flatteur
Qui sent la vie bienheureuse,
Qui fait notre acquit en payant.
Qui donne la vie en tuant.

Ô lampes des feux lumineux,
Dans vos splendeurs les grottes creuses
Du sens aveugle et ténébreux,
Par des faveurs avantageuses,
Donnent et lumière et chaleur
À l'objet chéri de leur cœur.

Combien suave et plein d'amour
Dedans mon sein tu te réveilles
Où est en secret ton séjour ;
Ton respirer doux à merveille,
De biens et de gloire accompli
Doucement d'amour m'a rempli.

Saint Jean de la Croix
(Traduction du R.P. Cyprien)

Varios efectos del amor

Desmayarse, atreverse, estar furioso,
áspero, tierno, liberal, esquivo,
alentado, mortal, difunto, vivo,
leal, traidor, cobarde, animoso.

No hallar, fuera del bien, centro y reposo ;
Mostrarse alegre, triste, humilde, altivo,
enojado, valiente, fugitivo,
satisfecho, ofendido, receloso.

Huir el rostro al claro desengaño,
beber veneno por licor suave,
olvidar el provecho, amar el daño,

creer que un cielo en un infierno cabe ;
dar la vida y el alma a un desengaño ;
Esto es amar. Quien lo probó, lo sabe.

LOPE DE VEGA

Effets variés de l'amour

Se pâmer, s'enhardir, être comme en démence,
Se montrer rude, tendre, aimable, discourtois,
Enthousiaste, éteint, défunt, vivant, matois,
Loyal, plein de faiblesse ou brûlant de vaillance,

Ne trouver, hors du bien, ni centre ni repos,
Paraître joyeux, triste, humble, altier, fou de rage,
Fuyant, serein, craignant ou défiant l'orage,
Taciturne ou ravi dans de libres propos,

Détourner le regard de l'évidente erreur,
Absorber du poison comme exquise liqueur,
Oublier le profit, chérir ce qui vous ronge,

Croire qu'un paradis s'enclôt dans un enfer,
Donner la vie et l'âme au plus criant mensonge,
C'est l'amour. Je le sais pour en avoir souffert.

LOPE DE VEGA
(Traduction de Jean Camp)

Don dinero

...
    Madre, yo al oro me humillo :
Él es mi amante y mi amado,
Pues de puro enamorado,
De contino anda amarillo ;
Que pues, doblón ó sencillo,
Hace todo cuanto quiero,
Poderoso caballero
Es don Dinero.

    Por importar en los tratos
Y dar tan buenos consejos,
En las casas de los viejos
Gatos le guardan de gatos.
Y pues él rompe recatos
Y ablanda al juez más severo,
Poderoso caballero
Es don Dinero.

    Nunca ví damas ingratas
A su gusto y afición,
Que à las caras de un doblón
Hacen sus caras baratas.
Y pues las hace bravatas
Desde una bolsa de cuero,
Poderoso caballero
Es don Dinero.

Monseigneur l'Argent

...
Devant lui, bien bas je m'incline,
Il est mon amant bien-aimé,
À tel point d'amour animé
Qu'il en a toujours jaune mine.
Et qu'il soit doublon ou centime,
À tous mes désirs complaisant.
C'est un chevalier tout-puissant,
Monseigneur l'Argent !

Dans tout marché, roi sans partage,
Il vaut les conseils les meilleurs.
Aux maisons des vieux, les voleurs
Renoncent à tout chapardage.
La droiture, il la décourage,
Même le juge intransigeant.
C'est un chevalier tout-puissant,
Monseigneur l'Argent !

Jamais ne vis dames chagrines
De montrer quelque inclination
Ou de tomber en dévotion
Ou de faire riantes mines
À bourse pleine où se devinent
Écus sonnants et trébuchants.
C'est un chevalier tout-puissant,
Monseigneur l'Argent !

Mas valen en cualquier tierra,
Mirad si es harto sagaz,
Sus escudos en la paz
Que rodelas en la guerra.
Y pues al pobre le entierra
Y hace propio al forastero,
Poderoso caballero
Es don Dinero

Francisco de Quevedo

Mieux vaut, et partout sur la terre,
(Affaire d'astuce ou sagesse ?)
Avoir dans la paix la richesse
Que rondaches par temps de guerre !
S'il met le pauvre au cimetière
Et l'étranger au premier rang,
C'est un chevalier tout-puissant,
Monseigneur l'Argent !

FRANCISCO DE QUEVEDO
(Traduction de Bernard Lorraine)

Las golondrinas

Volverán las oscuras golondrinas
En tu balcón sus nidos a colgar,
Y otra vez con el ala a sus cristales
        Jugando llamarán;

Pero aquellas que el vuelo refrenaban
Tu hermosura y mi dicha a contemplar,
Aquellas que aprendieron nuestros nombres
        Esas... ¡no volverán!

Volverán las tupidas madreselvas
De tu jardín las tapias a escalar,
Y otra vez a la tarde, aun más hermosas,
        Sus flores se abrirán;

Pero aquellas cuajadas de rocío,
Cuyas gotas mirábamos temblar
Y caer, como lágrimas del día,
        Esas... ¡no volverán!

Volverán del amor en tus oídos
Las palabras ardientes a sonar;
Tu corazón de su profundo sueño
        Tal vez despertará;

Pero mudo y absorto y de rodillas,
Como se adora a Dios ante su altar.
Como yo te he querido, desengáñate,
        ¡Así no te querrán!

GUSTAVO ADOLFO BÉCQUER

Les hirondelles

Reviendront au printemps les sombres hirondelles,
À ton balcon leurs nids resteront accrochés,
De nouveau, en jouant des ailes à ta vitre,
     Elles t'appelleront.

Mais celles qui alors ralentissaient leur vol
Pour envier ma chance, admirant ta beauté,
Ces hirondelles qui avaient appris nos noms
     Jamais ne reviendront.

Repousseront touffus les pieds du chèvrefeuille
Aux murs de ton jardin pour les escalader
Et de nouveau, le soir, mais plus belles encore,
     Les fleurs s'épanouiront.

Mais ces fleurs où perlait un cristal de rosée
Que goutte à goutte alors nous regardions trembler
Avant sa chute au sol, comme larmes du jour,
     Jamais ne reviendront.

Ils reviendront aussi chanter dans tes oreilles
Les mots d'amour ardent que j'osais murmurer.
Ton cœur s'arrachera peut-être à son sommeil,
     Un sommeil si profond !

Mais muet, absorbé, extasié, à genoux,
Ainsi qu'un homme va vers Dieu pour l'adorer,
Comme je t'ai aimée — détrompe-toi, ma belle —
     Quels amants le sauront ?

GUSTAVO ADOLFO BÉCQUER
(Traduction de Bernard Lorraine)

Castilla

Tú me levantas, tierra de Castilla,
en la rugosa palma de tu mano,
al cielo que te enciende y te refresca,
    al cielo, tu amo.

Tierra nervuda, enjuta, despejada,
madre de corazones y de brazos,
toma el presente en tí viejos colores
    del noble antaño.

Con la pradera cóncava del cielo
lindan en torno tus desnudos campos,
tiene en tí cuna el sol y en tí sepulcro
    Y en tí santuario.

Es todo cima tu extensión redonda
y en tí me siento al cielo levantado,
aire de cumbre es él que se respira
    aquí, en tus páramos.

Ara giganta, tierra castellana
a ese tu aire soltaré mis cantos,
si te son dignos bajarán al mundo
    desde lo alto !

                    Miguel de Unamuno

Castille

Tu me soulèves, toi, ma terre de Castille,
Dans la paume rugueuse de ta main,
Vers le ciel qui t'enflamme et qui te rafraîchit,
      Le ciel ton souverain.

Terre nerveuse, sèche, éveillée cependant,
Mère des bras et du courage aux cœurs,
Le présent puise en toi les anciennes couleurs
      De la grandeur d'antan.

Autour de l'horizon dénudé de tes terres,
Concave, s'appuie la plaine du ciel.
Berceau, sépulcre, il les trouve en toi, le soleil,
      Tu es son sanctuaire.

Toute en sommets, voici ta ronde immensité !
Vers le ciel, en toi, je me sens porté.
L'air des hauteurs est celui qu'on respire, éther
      Ici dans tes déserts.

Dans cet air qui est tien, je lancerai mes chants,
Ô terre castillane, autel géant.
S'ils sont dignes de toi, qu'ils tombent sur le monde
      Depuis les hauteurs !

Miguel de Unamuno
(Traduction de Bernard Lorraine)

Caballitos

Pegasos, lindos pegasos,
caballitos de madera.

Yo conocí, siendo niño,
la alegría de dar vueltas
sobre un corcel colorado,
en una noche de fiesta.

En el aire polvoriento
chispeaban las candelas,
y la noche azul ardía
toda sembrada de estrellas.

¡Alegrias infantiles
que cuestan una moneda
de cobre, lindos pegasos
caballitos de madera!

ANTONIO MACHADO

Petits chevaux

Pégases, mes jolis pégases,
mes chers petits chevaux de bois !

J'ai connu, quand j'étais enfant,
la joie de faire plus d'un tour
sur un coursier tout rutilant,
par une nuit où c'était fête.

Dans l'air obscurci de poussière
pétillaient les chandelles pâles
et le bleu de la nuit brûlait,
la nuit ensemencée d'étoiles.

Ô allégresses enfantines
qui ne coûtaient qu'un sou de cuivre,
pégases, mes jolis pégases,
mes chers petits chevaux de bois !

ANTONIO MACHADO
(Traduction de Bernard Lorraine)

Octubre

Estaba echado yo en la tierra, enfrente
del infinito campo de Castilla,
que el otoño envolvía en la amarilla
dulzura de su claro sol poniente.

Lento, el arado, paralelamente
abría el haza oscura, y la sencilla
mano abierta dejaba la semilla
en su entraña partida honradamente.

Pensé arrancarme el corazón, y echarlo,
pleno de su sentir alto y profundo,
al ancho surco del terruño tierno,

a ver si con partirlo y con sembrarlo,
la primavera le mostraba al mundo
el árbol puro del amor eterno.

JUAN RAMÓN JIMÉNEZ

Octobre

Je m'étais étendu sur la terre, devant
L'espace castillan qui s'étalait, immense.
L'automne l'enrobait de jaune et d'indolence
Douce, dans la clarté de son soleil couchant.

La charrue, lente, éventrait parallèlement
L'obscur lopin, et la main, en toute innocence,
La simple main ouverte épandait la semence
Dans son entraille partagée honnêtement.

J'ai pensé m'arracher le cœur pour le jeter,
Rempli au plus haut point d'une affection profonde,
Dans ton large sillon, terroir originel,

Pour voir si, de ce cœur divisé, éclaté,
Le printemps revenu le montrerait au monde,
Changé en l'arbre pur de l'amour éternel.

JUAN RAMÓN JIMÉNEZ
(Traduction de Bernard Lorraine)

Cuna

¡ Comó me duermes al niño,
enorme cuna del mundo,
cuna de noche de agosto !
El viento me lo acaricia
en las mejillas
y lo que canta en los árboles
tiene sonsón de nanita
para que se duerma pronto;
suaves estrellas le guardan
de mucha luz y de mucha
tiniebla para los ojos;
y parece que se siente
rodar la tierra muy lenta,
sin más vaivén que el preciso
para que se duerma el niño,
hijo mío e hijo suyo.

PEDRO SALINAS

Berceau

Comme tu sais bercer l'enfant,
ô énorme berceau du monde,
berceau de la nuit du mois d'août !

Le vent lui caresse les joues
et ce qu'il chante dans les arbres
est ronronnement de berceuse
pour qu'il s'endorme sans tarder.

De douces étoiles préservent
ses yeux d'un trop plein de lumière
comme aussi d'un trop de ténèbres.

Et il semble alors que l'on sente
tourner la terre, mais plus lente,
sans plus de branle qu'il n'en faut
pour que s'endorme cet enfant :
mon fils, qui est aussi le sien.

PEDRO SALINAS
(Traduction de Bernard Lorraine)

Niño

Claridad de corriente,
Círculos de la rosa,
Enigmas de la nieve :
Aurora y playa en conchas.

Máquina turbulenta,
Alegrías de luna
Con vigor de paciencia :
Sal de la onda bruta.

Instante sin historia,
Tercamente colmado
De mitos entre cosas :
Mar sólo con sus pájaros.

Si rica tanta gracia,
Tan sóla gracia, siempre
Total en la mirada :
Mar, unidad presente.

Poeta de los juegos
Puros sin intervalos,
Divino, sin ingenio :
¡El mar, el mar intacto!

JORGE GUILLÉN

Enfant

Clarté de courant d'une eau,
Rotondités de la rose,
Devinettes de la neige !
Plage, aurore, en coquillages.

Mécanique turbulente,
Humeur heureuse de lune
Avec force de patience :
Sel de la vague violente.

Instant sans trace d'histoire,
Obstinément débordant
De mythes greffés aux choses :
La mer avec ses oiseaux.

Si précieuse, tant de grâce !
De grâce seule, toujours
Entière dans le regard :
Mer, unité au présent.

Poète dans ses jeux purs
Sans discontinuité,
Divin, sans nul artifice :
La mer, c'est la mer intacte !

JORGE GUILLÉN
(Traduction de Bernard Lorraine)

Arbolé Arbolé

La niña del bello rostro
está cogiendo aceituna.
El viento, galán de torres,
la prende por la cintura.
Pasaron cuatro jinetes,
sobre jacas andaluzas,
con trajes de azul y verde,
con largas capas oscuras
"Vente a Cordoba, muchacha."
La niña no los escucha.

Pasaron tres torerillos
delgaditos de cintura,
con trajes color naranja
y espada de plata antigua.
"Vente a Sevilla, muchacha."
La niña no los escucha.

Cuando la tarde se puso
morada, con luz difusa,
pasó un joven que llevaba
rosas y mirtos de luna.
"Vente a Granada, muchacha."
La niña no lo escucha.

Arbrisseau, arbrisseau

La jeune fille au beau visage
est là, à cueillir des olives ;
Le vent qui courtise les tours
vient à la prendre par la taille.

Ont passé quatre cavaliers
sur petits chevaux andalous,
habillés d'azur et de vert
sous leurs vastes capes foncées.

« Pour Cordoue, mets-toi vite en route ! »
Mais la fille ne les écoute.

Ont passé trois toréadors
tout jeunes, et la taille fine,
en costumes couleur d'orange
avec épées de vieil argent.

« Pour Séville, mets-toi en route ! »
Mais la fille ne les écoute.

Lorsque le soir tourne au violet
dans une lumière diffuse,
passe un jeune homme qui portait
des roses, des myrtes de lune.

« Pour Grenade, mets-toi en route ! »
Mais la fillette ne l'écoute.

La niña del bello rostro
sigue cogiendo aceituna,
con el brazo gris del viento
ceñido por la cintura.

Federico García Lorca

La fille au visage charmant
continue à cueillir l'olive
tandis que le bras gris du vent
par la taille la tient captive.

FEDERICO GARCÍA LORCA
(Traduction de Bernard Lorraine)

Seguidillas a una extranjera

Todos les torerillos
que hay en Sevilla
te arrojaron, al verte,
la monterilla.

Dínos como te llamas,
flor extranjera.
— Entre los andaluces,
la « arrebolera. »

Cinco rejoneadores,
cinco perfiles,
clavaron a la gracia
de los toriles.

Gracia negra, de fuego,
tras los percales,
pintándolos de moras
de los morales.

¿ Por qué ocultas la cara
tras la mantilla
y rueda por el ruedo
tu gargantilla ?

¿ Y por qué de la gloria
baja y se eleva,
a caballo, un arcángel
que se la lleva ?

Séguedilles à une étrangère

Tous les jeunes toreros
Qui sont à Séville
T'ont jeté, quand ils t'ont vue,
Leur coiffe à résille.

— Quel est ton nom, dis-le-nous,
Ô fleur étrangère ?
— « Belle-de-nuit », Andalous,
La fleur singulière.

Cinq matadors à cheval,
Cinq parfaits profils,
Ont tué la bête, en l'honneur
De tous les torils.

Beauté brûlant d'un feu noir
Sous tes chemisiers
De percale teints aux mûres
Des champs de mûriers,

Pourquoi cacher ton visage
Dessous ta mantille,
Lorsque, roulant dans l'arène,
Ton collier scintille ?

Et pourquoi, du ciel en gloire,
Descend sans escorte
Sur son cheval un archange
Qui alors l'emporte ?

Y tú, arriba, en los palcos,
crucificada,
desangrándote el pecho
con una espada.

¿Cómo te dicen, dínos,
flor cineraria?
— Entre los andaluces,
la pasionaria.

Rafael Alberti

Mais toi, du haut des tribunes,
Toi, crucifiée,
Ton cœur saigne, transpercé
Par un coup d'épée.

— Fleur cinéraire, dis-nous,
Dis-le-nous, ton nom !
— C'est, parmi les Andalous :
« Fleur-de-la-Passion ! »

RAFAEL ALBERTI
(Traduction de Bernard Lorraine)

France

France

République française
549 000 km²
56 107 000 habitants.

La longue histoire de la poésie française nous semble particulièrement riche, parce que c'est celle que nous connaissons le mieux.

Elle commence au IXᵉ siècle, avec *La Cantilène de sainte Eulalie*, considérée comme le premier texte littéraire écrit en français ; mais c'est une langue qui nous paraît aujourd'hui si vieille qu'elle en est presque étrangère.

Et c'est la grande difficulté de la poésie de notre Moyen Age, non seulement celle des chansons de geste et des admirables créations des troubadours et des trouvères, mais également celle de poètes encore célèbres de nos jours, comme Rutebeuf, Charles d'Orléans ou François Villon.

Nous comprenons mieux la langue du XVIᵉ siècle et des poètes de la Pléiade ; nous pouvons goûter assez facilement les beaux poèmes d'amour de Pierre de Ronsard, de Joachim du Bellay et de leurs amis.

Et pourtant, ces poètes de la Renaissance furent un moment éclipsés par la puissance souveraine du classicisme illustré par notre plus grand fabuliste, Jean de La Fontaine, et codifié par Boileau.

Après eux, la poésie du XVIIIᵉ siècle nous paraît aujourd'hui bien conventionnelle ; mais les poèmes d'André Chénier nous communiquent encore une émotion, celle que suscitent toujours les grandes œuvres.

Sa poésie annonçait déjà celle du xixe siècle, une belle époque poétique.

Elle commence avec les Romantiques (Victor Hugo, Alfred de Musset, Lamartine, Alfred de Vigny — et des milliers de poètes plus ou moins célèbres) dont l'effusion lyrique est pour nous encore l'essence même de la poésie ; elle s'achève avec les symbolistes (Paul Verlaine, Arthur Rimbaud — et des milliers de poètes plus ou moins obscurs) dont la musicalité et la nostalgie sont l'existence même de la poésie ; elle passe par Charles Baudelaire et ses *Fleurs du mal*, par José Maria de Heredia et ses *Trophées* ; elle s'ouvre sur le vers libre et les bouleversements poétiques de notre temps.

En 1913, avec *Alcools* de Guillaume Apollinaire, commence une poésie nouvelle ; en 1914, avec la Première Guerre mondiale, s'ouvre une époque particulièrement troublée. L'absurdité de cette guerre va être dénoncée par les surréalistes (André Breton, Robert Desnos, Paul Eluard, etc.) dont le mouvement littéraire a grandement influencé la poésie depuis 1925.

Pendant la Deuxième Guerre mondiale (1939-1945), la poésie de la Résistance (Louis Aragon) retrouve des lecteurs nombreux, comme le fit ensuite Jacques Prévert : l'immense succès de son recueil, *Paroles* (1946), prouva que la poésie pouvait être populaire.

Ce n'est pas le cas aujourd'hui de quelques poètes « philosophes » ou « linguistes », se complaisant en des recherches particulièrement hermétiques où la forme poétique même est destructurée.

Heureusement, d'autres poètes font entendre à nouveau une poésie du chant et de l'émotion, dans la lignée des Fantaisistes et de l'École de Rochefort illustrée par René Guy Cadou.

Chanson d'amour

Dieu! qu'il la fait bon regarder
La gracieuse bonne et belle!
Pour les grands biens qui sont en elle,
Chacun est prêt de la louer.

Qui se pourrait d'elle lasser?
Toujours sa beauté renouvelle.
Dieu! qu'il la fait bon regarder,
La gracieuse bonne et belle.

Par deçà, ni delà la mer,
Ne sais Dame ni Demoiselle
Qui soit en tous biens parfaits telle;
C'est un songe que d'y penser.
Dieu! qu'il la fait bon regarder!

CHARLES D'ORLÉANS

Le Testament

Je plains le temps de ma jeunesse,
Auquel j'ai plus qu'autre gallé
Jusqu'à l'entrée de vieillesse,
Qui son partement m'a celé.
Il ne s'en est à pied allé
N'a cheval : hélas ! comment donc ?
Soudainement s'en est volé
Et ne m'a laissé quelque don.

Hé ! Dieu, si j'eusse étudié
Au temps de ma jeunesse folle
Et à bonnes mœurs dédié,
J'eusse maison et couche molle.
Mais quoi ? Je fuyoie l'école,
Comme fait le mauvais enfant.
En écrivant cette parole,
A peu que le cœur ne me fend.

Où sont les gracieux galants
Que je suivais au temps jadis,
Si bien chantants, si bien parlants,
Si plaisants en faits et en dits ?
Les aucuns sont morts et roidis,
D'eux n'est-il plus rien maintenant :
Repos aient en paradis,
Et Dieu sauve le remenant !

Je vis, je meurs

Je vis, je meurs : je me brûle et me noie.
J'ai chaud extrême en endurant froidure :
La vie m'est et trop molle et trop dure.
J'ai grands ennuis entremêlés de joie.

Tout à un coup je ris et je larmoie,
Et en plaisir maint grief tourment j'endure :
Mon bien s'en va, et à jamais il dure :
Tout en un coup je sèche et je verdoie.

Ainsi Amour inconstamment me mène :
Et, quand je pense avoir plus de douleur,
Sans y penser je me trouve hors de peine.

Puis, quand je crois ma joie être certaine,
Et être au haut de mon désiré heur,
Il me remet en mon premier malheur.

LOUISE LABÉ

Et les autres sont devenus
Dieu merci ! grands seigneurs et maîtres ;
Les autres mendient tout nus
Et pain ne voient qu'aux fenêtres ;
Les autres sont entrés en cloîtres
De Célestins et de Chartreux,
Bottés, housés com pêcheurs d'oîtres :
Voyez l'état divers d'entre eux !

FRANÇOIS VILLON

Heureux qui, comme Ulysse...

Heureux qui, comme Ulysse, a fait un beau voyage,
Ou comme cestui-là qui conquit la toison,
Et puis est retourné, plein d'usage et raison,
Vivre entre ses parents le reste de son âge !

Quand reverrai-je, hélas ! de mon petit village
Fumer la cheminée, et en quelle saison
Reverrai-je le clos de ma pauvre maison,
Qui m'est une province, et beaucoup davantage ?

Plus me plaît le séjour qu'ont bâti mes aïeux
Que des palais romains le front audacieux ;
Plus que le marbre dur me plaît l'ardoise fine,

Plus mon Loire gaulois que le Tibre latin,
Plus mon petit Liré que le mont Palatin,
Et plus que l'air marin la douceur angevine.

JOACHIM DU BELLAY

A Cassandre

Mignonne, allons voir si la r
Qui, ce matin, avait déclose
Sa robe de pourpre au soleil
A point perdu, cette vêprée,
Les plis de sa robe pourprée
Et son teint au vôtre pareil.

Las ! Voyez comme en peu
Mignonne, elle a, dessus la
Las ! las ! ses beautés laissé
O vraiment marâtre Nature
Puisqu'une telle fleur ne du
Que du matin jusques au s

Donc, si vous me croyez, n
Tandis que votre âge fleur
En sa plus verte nouveauté
Cueillez, cueillez votre jeun
Comme à cette fleur, la vie
Fera ternir votre beauté.

PIERRE DE RON

Le Corbeau et le Renard

Maître Corbeau, sur un arbre perché,
   Tenait en son bec un fromage.
Maître Renard, par l'odeur alléché,
   Lui tint à peu près ce langage :
   « Hé ! bonjour, Monsieur du Corbeau
Que vous êtes joli ! que vous me semblez beau !
   Sans mentir, si votre ramage
   Se rapporte à votre plumage,
Vous êtes le phénix des hôtes de ces bois. »
À ces mots le Corbeau ne se sent pas de joie ;
   Et pour montrer sa belle voix,
Il ouvre un large bec, laisse tomber sa proie.
Le Renard s'en saisit, et dit : « Mon bon Monsieur,
   Apprenez que tout flatteur
  Vit aux dépens de celui qui l'écoute :
Cette leçon vaut bien un fromage, sans doute. »
   Le Corbeau, honteux et confus,
Jura. mais un peu tard, qu'on ne l'y prendrait plus.

JEAN DE LA FONTAINE

La maison

...
À l'heure où la rosée au soleil s'évapore
Tous ces volets fermés s'ouvraient à sa chaleur,
Pour y laisser entrer, avec la tiède aurore,
Les nocturnes parfums de nos vignes en fleur.

On eût dit que ces murs respiraient comme un être
Des pampres réjouis la jeune exhalaison ;
La vie apparaissait rose, à chaque fenêtre,
Sous les beaux traits d'enfants nichés dans la maison.

Leurs blonds cheveux, épars au vent de la montagne,
Les filles se passant leur deux mains sur les yeux,
Jetaient des cris de joie à l'écho des montagnes,
Ou sur leurs seins naissants croisaient leurs doigts
                                                    [pieux.

La mère, de sa couche à ces doux bruits levée,
Sur ces fronts inégaux se penchait tour à tour,
Comme la poule heureuse assemble sa couvée,
Leur apprenant les mots qui bénissent le jour.

Moins de balbutiements sortent du nid sonore,
Quand, au rayon d'été qui vient la réveiller,
L'hirondelle au plafond qui les abrite encore,
À ses petits sans plume apprend à gazouiller.

Et les bruits du foyer que l'aube fait renaître,
Les pas des serviteurs sur les degrés de bois,
Les aboiements du chien qui voit sortir son maître,
Le mendiant plaintif qui fait pleurer sa voix,

Montaient avec le jour ; et, dans les intervalles,
Sous des doigts de quinze ans répétant leur leçon,
Les claviers résonnaient ainsi que des cigales
Qui font tinter l'oreille au temps de la moisson !

ALPHONSE DE LAMARTINE

Aux Feuillantines

Mes deux frères et moi, nous étions tout enfants.
Notre mère disait : « Jouez, mais je défends
» Qu'on marche dans les fleurs et qu'on monte aux
                                              [échelles. »

Abel était l'aîné, j'étais le plus petit.
Nous mangions notre pain de si bon appétit,
Que les femmes riaient quand nous passions près
                                              [d'elles.

Nous montions pour jouer au grenier du couvent.
Et là, tout en jouant, nous regardions souvent
Sur le haut d'une armoire, un livre inaccessible.

Nous grimpâmes un jour jusqu'à ce livre noir ;
Je ne sais pas comment nous fîmes pour l'avoir,
Mais je me souviens bien que c'était une Bible.

Ce vieux livre sentait une odeur d'encensoir.
Nous allâmes ravis dans un coin nous asseoir.
Des estampes partout ! quel bonheur ! quel délire !

Nous l'ouvrîmes alors tout grand sur nos genoux,
Et, dès le premier mot, il nous parut si doux,
Qu'oubliant de jouer, nous nous mîmes à lire.

Nous lûmes tous les trois ainsi tout le matin,
Joseph, Ruth et Booz, le bon Samaritain,
Et, toujours plus charmés, le soir nous le relûmes.

Tels des enfants, s'ils ont pris un oiseau des cieux,
S'appellent en riant et s'étonnent, joyeux,
De sentir dans leur main la douceur de ses plumes.

Victor Hugo

Chanson de Fortunio

Si vous croyez que je vais dire
Qui j'ose aimer,
Je ne saurais, pour un empire,
Vous la nommer.

Nous allons chanter à la ronde,
Si vous voulez,
Que je l'adore et qu'elle est blonde
Comme les blés.

Je fais ce que sa fantaisie
Veut m'ordonner,
Et je puis, s'il lui faut ma vie,
La lui donner.

Du mal qu'une amour ignorée
Nous fait souffrir,
J'en porte l'âme déchirée
Jusqu'à mourir.

Mais j'aime trop pour que je die
Qui j'ose aimer,
Et je veux mourir pour ma mie
Sans la nommer.

ALFRED DE MUSSET

L'homme et la mer

Homme libre, toujours tu chériras la mer !
La mer est ton miroir ; tu contemples ton âme
Dans le déroulement infini de sa lame,
Et ton esprit n'est pas un gouffre moins amer.

Tu te plais à plonger au sein de ton image ;
Tu l'embrasses des yeux et des bras, et ton cœur
Se distrait quelquefois de sa propre rumeur
Au bruit de cette plainte indomptable et sauvage.

Vous êtes tous les deux ténébreux et discrets :
Homme, nul n'a sondé le fond de tes abîmes,
Ô mer, nul ne connaît tes richesses intimes,
Tant vous êtes jaloux de garder vos secrets !

Et cependant voilà des siècles innombrables
Que vous vous combattez sans pitié ni remord,
Tellement vous aimez le carnage et la mort,
Ô lutteurs éternels, ô frères implacables !

                              CHARLES BAUDELAIRE

Gaspard Hauser chante :

Je suis venu, calme orphelin,
Riche de mes seuls yeux tranquilles,
Vers les hommes des grandes villes :
Ils ne m'ont pas trouvé malin.

À vingt ans un trouble nouveau,
Sous le nom d'amoureuses flammes,
M'a fait trouver belles les femmes :
Elles ne m'ont pas trouvé beau.

Bien que sans patrie et sans roi
Et très brave ne l'étant guère,
J'ai voulu mourir à la guerre :
La mort n'a pas voulu de moi.

Suis-je né trop tôt ou trop tard ?
Qu'est-ce que je fais en ce monde ?
Ô vous tous, ma peine est profonde :
Priez pour le pauvre Gaspard !

PAUL VERLAINE

Ma bohème

Je m'en allais, les poings dans mes poches crevées ;
Mon paletot aussi devenait idéal ;
J'allais sous le ciel, Muse ! et j'étais ton féal ;
Oh ! là ! là ! que d'amours splendides j'ai rêvées !

Mon unique culotte avait un large trou.
— Petit-Poucet rêveur, j'égrenais dans ma course
Des rimes. Mon auberge était à la Grande-Ourse.
— Mes étoiles au ciel avaient un doux frou-frou.

Et je les écoutais, assis au bord des routes,
Ces bons soirs de septembre où je sentais des gouttes
De rosée à mon front, comme un vin de vigueur ;

Où, rimant au milieu des ombres fantastiques,
Comme des lyres, je tirais les élastiques
De mes souliers blessés, un pied près de mon cœur !

ARTHUR RIMBAUD

La ronde autour du monde

Si toutes les filles du monde voulaient s'donner la main, tout autour de la mer elles pourraient faire une ronde.

Si tous les gars du monde voulaient bien êtr' marins, ils f'raient avec leurs barques un joli pont sur l'onde.

Alors on pourrait faire une ronde autour du monde, si tous les gens du monde voulaient s' donner la main.

PAUL FORT

Attente

J'ai vécu sans le savoir
   Comme l'herbe pousse...
Le matin, le jour, le soir
   Tournaient sur la mousse.

Les ans ont fui sous mes yeux
   Comme à tire d'ailes
D'un bout à l'autre des cieux
   Fuient les hirondelles...

Mais voici que j'ai soudain
   Une fleur éclose.
J'ai peur des doigts qui demain
   Cueilleront ma rose.

Demain, demain, quand l'Amour
   Au brusque visage
S'abattra comme un vautour
   Sur mon cœur sauvage.

Dans l'Amour, si grand, si grand,
   Je me perdrai toute
Comme un agnelet errant
   Dans un bois sans route.
...

MARIE NOËL

Vivre encore

Ce qu'il faut de nuit
Au-dessus des arbres,
Ce qu'il faut de fruits
Aux tables de marbre,
Ce qu'il faut d'obscur
Pour que le sang batte,
Ce qu'il faut de pur
Au cœur écarlate,
Ce qu'il faut de jour
Sur la page blanche,
Ce qu'il faut d'amour
Au fond du silence.
Et l'âme sans gloire
Qui demande à boire.
Le fil de nos jours
Chaque jour plus mince,
Et le cœur plus sourd
Les ans qui le pincent.
Nul n'entend que nous
La poulie qui grince,
Le seau est si lourd.

JULES SUPERVIELLE

La mort l'amour la vie

...
Les champs sont labourés les usines rayonnent
Et le blé fait son nid dans une houle énorme
La moisson la vendange ont des témoins sans nombre
Rien n'est simple ni singulier
La mer est dans les yeux du ciel ou de la nuit
La forêt donne aux arbres la sécurité
Et les murs des maisons ont une peau commune
Et les routes toujours se croisent

Les hommes sont faits pour s'entendre
Pour se comprendre pour s'aimer
Ont des enfants qui deviendront pères des hommes
Ont des enfants sans feu ni lieu
Qui réinventeront les hommes
Et la nature et leur patrie
Celle de tous les hommes
Celle de tous les temps.

PAUL ELUARD

Quai de Béthune

Connaissez-vous l'île
Au cœur de la ville
Où tout est tranquille
Éternellement

L'ombre souveraine
En silence y traîne
Comme une sirène
Avec son amant

La Seine profonde
Dans ses bras de blonde
Au milieu du monde
L'enserre en rêvant

Enfants fous et tendres
Ou flâneurs de cendres
Venez-y entendre
Comment meurt le vent

La nuit s'y allonge
Tout doucement ronge
Ses ongles ses songes
Tandis que chantant

Un air dans le soir
Est venu s'asseoir
Au fond des mémoires
Pour passer le temps

Louis Aragon

Bagatelles

Vous reviendrez me voir, dit-elle,
Quand vous serez riche à millions,
Quand les roses de Bagatelle
Sous la neige s'épanouiront.

Lavant le sable des rivières,
Brisant le quartz, ouvrant le tronc
Des caoutchoucs à la lisière
D'un enfer d'arbres aux fûts ronds,

Libérant des nids de pétrole,
Ou labourant les Alaskas,
Quatre-vingts ans, la terre molle
Cacha le trésor des Incas.

Quand il revint, elle était morte,
Il était bête, il était vieux,
Mais les amants de cette sorte
Ne sont pas tellement nombreux.

Que fleurissent à Bagatelle
Les roses de poudre et frimas,
Mais que fleurissent surtout celles
Que l'on aime jusqu'au trépas.

ROBERT DESNOS

Tant de forêts...

Tant de forêts arrachées à la terre
et massacrées
achevées
rotativées

Tant de forêts sacrifiées pour la pâte à papier

Des milliards de journaux attirant annuellement
l'attention des lecteurs sur les dangers du déboisement
des bois et des forêts.

JACQUES PRÉVERT

Bienheureux les écoliers !

Enfant, j'allais sous la neige
Ou le plomb des canicules
Vers l'école — privilège ! —
Pour apprendre le solfège,
L'azote, les tubercules,

Bonaparte au pont d'Arcole,
La retraite de Russie...
Ça m'a très bien réussi :
Encore aujourd'hui, voici
Je vais encore à l'école !

Bienheureux les écoliers
— Surtout au temps des vacances —
D'oublier « sous les halliers »
Les règles et les colliers,
Ces implacables souffrances

Que regrette tant l'aïeul
Retombé dans les enfances,
Fumant la pipe à son seuil.

MAURICE FOMBEURE

Les mystères du télégraphe

Les enfants après l'école
aux poteaux du télégraphe
doucement l'oreille collent
poursuivant le temps qui passe
avec ses chevaux légers
ses fifres et ses tambours
et son charroi partagé
de bons et de mauvais jours.

Ce n'est que le temps qui passe
Il ne sait pas ce qu'il dit
Il trébuche dans ses traces
Il se perd dans ses soucis
Beaux enfants d'après l'école
il sera bien temps plus tard
de savoir ce qui s'envole
de ces poteaux trop bavards

Ne sachant pas ce qu'ils disent
ne parlant que pour parler
les plaisirs qu'ils nous prédisent
les chagrins qu'ils annonçaient
sont promesses mensongères
Beaux enfants d'après l'école
méfiez-vous des jolis airs
que jouent ces poteaux frivoles

Il n'est qu'un seul coquillage
où l'on entende vraiment
la mer et ses beaux naufrages

la vie ses vrais accidents
C'est le cœur de la dormante
qui battra à vos côtés
dans des nuits si différentes
de celles des écoliers

Vous serez grandes personnes
ne jouant plus à la marelle
répondant au téléphone
n'ayant plus la varicelle
Vous porterez des moustaches
et ne mettrez plus l'oreille
aux poteaux du télégraphe
qui bredouillent leurs merveilles
mais nous laissent en carafe
entre demain et la veille.

CLAUDE ROY

Liberté couleur des feuilles

Liberté couleur des feuilles
Liberté la belle joue
Jeune fille qui dénoues
Tes cheveux blonds sur le seuil

Flamme neige épaule nue
Arc-en-ciel de la rosée
Haut visage pavoisé
De cent regards inconnus

Oiseau la plume légère
Seins jaillis odeur de pain
Blanche vague de la main
À tâtons dans la lumière

La plus pauvre du village
La plus belle sous les coups
Toi qui fais chanter les fous
Et qui fais pleurer les sages

Liberté je t'ai nommée
Pour que nous vivions ensemble
Tu me vêts et tu ressembles
Au portrait de mon aimée.

RENÉ GUY CADOU

Grèce

Grèce

Ellenike Demokratia, République Hellénique
131 944 km²
10 096 000 habitants.

Les Grecs de l'Antiquité sont les inventeurs du mot *Europe* : ils avaient en effet donné ce nom à la fille d'Agénor, roi de Phénicie, et c'est ainsi que fut désignée l'une des trois divisions du monde connu. Mère de la Poésie, la Grèce l'est également, patrie d'Homère, le poète mythique du IXᵉ siècle avant notre ère, auquel on attribue les premiers monuments du lyrisme occidental : l'*Iliade* et l'*Odyssée*. Pendant plus d'un millénaire, de Hésiode à Paul le Silentiaire, les poètes accumulent un trésor auquel ne cesseront de puiser les Européens.

Mais la chute de Constantinople en 1453 ayant fait de la Grèce une province de l'Empire ottoman, il faudra attendre le XVIIIᵉ siècle pour assister à la résurrection d'une poésie néo-hellénique dans un archipel devenu tour de Babel. C'est alors que se crée, dans les îles Ioniennes, une langue poétique nationale rompant avec la langue archaïque. L'initiateur de ce renouveau en langue dite démotique, le barde de la révolution, se nomme Denis Salomos. Lui et son camarade Andréas Calvos sont les pères fondateurs dont le flambeau est repris par Syracco Zalocostas, Aristote Valaoritis, Andréas Lascaratos, Gerassimos Markoras et Lorentzos Mavilis.

Dès 1828, après la longue guerre victorieuse de sept ans contre les Turcs, le Romantisme est l'affaire des Soutsos (Alexandre, et son frère Panayotis). Jean Carassoutsas, le plus talentueux de tous, prend la relève avec Achille Paraschos. La génération suivante s'inspire des Parnassiens puis des Symbolistes français : ce sont Costis Palamas, Argyris Eftaliotis et Costas Crystallis.

À l'aube de notre siècle s'accomplit une première métamorphose avec Constantinos Cavafis dont l'influence fut capitale. Après 1910, apparaissent trois novateurs, trois fortes personnalités : Nicos Kazantzakis, Sikelianos et Varnalis. À partir de 1930 enfin, le dernier état des métamorphoses se traduit par l'abandon presque généralisé de la métrique traditionnelle et de la rime, par l'adoption d'une langue dépouillée à la syntaxe éclatée. Les artisans de cette révolution poétique, ce sont Georges Séféris, prix Nobel 1963, Yannis Ritsos, le plus fréquemment traduit en français, et Nikoforos Vrettacos, exilé pendant la dictature des Colonels, un poète qui en dehors de tout engagement politique bien défini a opté pour une œuvre placée sous le signe des valeurs éternelles de l'humanisme.

᾽Οδυσσεία

Οἱ δ᾽ αἶψ᾽ εἴσβαινον καὶ ἐπὶ κληῖσι κάθιζον,
ἑξῆς δ᾽ ἑζόμενοι πολιὴν ἅλα τύπτον ἐρετμοῖς·
καὶ τότ᾽ ἐγὼ Κύκλωπα προσηύδων κερτομίοισι·

Κύκλωψ, οὐκ ἄρ᾽ ἔμελλες ἀνάλκιδος ἀνδρὸς ἑταίρους
[ἔδμεναι ἐν σπῆι γλαφυρῷ κρατερῆφι βίηφι.
καὶ λίην σέ γ᾽ ἔμελλε κιχήσεσθαι κακὰ ἔργα,
σχέτλι᾽, ἐπεὶ ξείνους οὐχ ἅζεο σῷ ἐνὶ οἴκῳ]
ἐσθέμεναι· τώ σε Ζεὺς τίσατο καὶ θεοὶ ἄλλοι.
Ὣς ἐφάμην· ὁ δ᾽ ἔπειτα χολώσατο κηρόθι μᾶλλον,
ἧκε δ᾽ ἀπορρήξας κορυφὴν ὄρεος μεγάλοιο,
κὰδ δ᾽ ἔβαλε προπάροιθε νεὸς κυανοπρῴροιο·
ἀλλά μιν ἄψορρον προσέφην κεκοτηότι θυμῷ·

Κύκλωψ, αἴ κέν τίς σε καταθνητῶν ἀνθρώπων
ὀφθαλμοῦ εἴρηται ἀεικελίην ἀλαωτύν,
φάσθαι Ὀδυσσῆα πτολιπόρθιον ἐξαλαῶσαι,
υἱὸν Λαέρτεω, Ἰθάκῃ ἔνι οἰκί᾽ ἔχοντα.

ΟΜΗΡΟΣ

Ulysse nargue le cyclope

Mes gens sautent à bord et vont s'asseoir aux
bancs ; quand, chacun en sa place, la rame bat le flot
qui blanchit sous les coups, je m'adresse au Cyclope,
en paroles railleuses :

« Non ! il n'était pas dit que tu devais, Cyclope,
manger les compagnons d'un homme sans vigueur,
abusant de ta force au fond de ta caverne ! De ta
méchanceté, tu devais rencontrer le paîment, malheu-
reux qui n'accueilles les hôtes que pour les dévorer !
Zeus et les autres dieux t'en ont récompensé. »

Je dis et, dans son cœur, redouble la colère. D'une
grosse montagne il arrache la cime. Il la lance. Elle
tombe au devant du navire à la proue azurée.

Je reprends et lui crie de toute ma rancune :
« Cyclope, auprès de toi, si quelqu'un des mortels
vient savoir le malheur qui t'a privé de l'œil, dis-lui
qui t'aveugla : c'est le fils de Laerte, oui ! le pilleur de
Troie, l'homme d'Ithaque, Ulysse. »

HOMÈRE
(Traduction de Victor Bérard)

Ὄρνιθες

Ἐποποποῖ ποποῖ, ποποποποῖ ποποῖ,
ἰὼ ἰὼ ἴτω ἴτω
ἴτω τις ὧδε τῶν ἐμῶν ὁμοπτέρων·
ὅσοι τ' εὐσπόρους ἀγροίκων γύας
νέμεσθε, φῦλα μυρία κριθοτράγων
σπερμολόγων τε γένη
ταχὶ πετόμενα, μαλθακὴν ἱέντα γῆρυν·
ὅσα τ' ἐν ἄλοκι θαμά
βῶλον ἀμφιτιττυβίζεθ' ὧδε λεπτὸν
ἡδομένα φωνᾷ· — τιοτιοτιοτιοτιοτιοτιο —
ὅσα θ' ὑμῶν κατὰ κήπους ἐπὶ κισσοῦ
κλάδεσι νομὸν ἔχει,
τά τε κατ' ὄρεα τά τε κοτινοτράγα τά τε κομαροφάγα,
ἀνύσατε πετόμενα πρὸς ἐμὰν αὐδάν·
— τριοτο τριοτο τοτοβριξ· —
οἵ θ' ἑλείας παρ' αὐλῶνας ὀξυστόμους
ἐμπίδας κάππεθ', ὅσα τ' εὐδρόσους γῆς τόπους
ἔχετε λειμῶνά τ' ἐρόεντα Μαραθῶνος, ὄρ-
νις (τε) πτεροποίκιλος, ἀτταγᾶς ἀτταγᾶς·
ὧν τ' ἐπὶ πόντιον οἶδμα θαλάσσης
φῦλα μετ' ἀλκυόνεσσι ποτῆται,
δεῦρ' ἴτε πευσόμενοι τὰ νεώτερα·
πάντα γὰρ ἐνθάδε φῦλ' ἀθροΐζομεν
οἰωνῶν ταναοδείρων.
Ἥκει γάρ τις δριμὺς πρέσβυς
καινός γνώμην
καινῶν ἔργων τ' ἐγχειρητής.
Ἀλλ' ἴτ' εἰς λόγους ἅπαντα,
δεῦρο δεῦρο δεῦρο δεῦρο·
τοροτοροτοροτοροτιξ, κικκαβαυ κικκαβαυ,
τοροτοροτορολιλιλιξ.

                                                    ἈΡΙΣΤΟΦΑΝΗΣ

Les Oiseaux

Iô, Iô, Itô, Itô, Itô, Itô,

Venez, venez, tous les oiseaux,
Ceux des fourrés, ceux des buissons, ceux des roseaux,
Ceux qui picorent dans les champs le grain de blé,
Ou de millet, ou bien les orges,
Le doux troupeau des rouges-gorges.

Trioto, Trioto, Totobrinx,
Les rossignols, et les bouvreuils, et les mésanges,
et tout le peuple vite envolé,
Toujours posés, et repartis, chanteurs gentils,
Tio, Tio, Tio, Ti,

Et vous qui dans les vergers, les potagers, heureux,
                [mangez !
Habitants du sombre lierre au fond du jardin toujours
                [vert,
Sur l'olivier, sur le caroubier, vêtus de même, été et hiver !
Trioto, Trioto, Totobrinx,

Ô les errants au cri aigu, ô les attrapeurs de
                [moustiques !
Vous, perchés au bord du marais, ô les moites oiseaux
                [aquatiques !
Ô les alcyons se posant sur les brisants de l'océan !
Ô les oiseaux au cou courbe, au bec béant !
Kikkabau, Kikkabau, Kikkabau !
Torotorotorotoro ! Lililinx !

ARISTOPHANE
(Traduction de Marguerite Yourcenar)

Θερμοπύλες

Τιμή σ ἐκείνους ὅπου στήν ζωή των
ὅρισαν καί φυλάγουν Θερμοπύλες.
Ποτέ ἀπό τό χρέος μή κινοῦντες·
δίκαιοι κ' ἴσιοι σ' ὅλες των τές πράξεις,
ἀλλά μέ λύπη κιόλας κ' εὐσπλακνία·
γενναῖοι ὁσάκις εἶναι πλούσιοι, κι ὅταν
εἶναι πτωχοί, πάλ' εἰς μικρόν γενναῖοι,
πάλι συντρέχοντες ὅσο μποροῦνε·
πάντοτε τήν ἀλήθεια ὁμιλοῦντες,
πλήν χωρίς μίσος γιά τούς ψευδομένους.

Καί περισσότερη τιμή τούς πρέπει
ὅταν προβλέπουν (καί πολλοί προβλέπουν)
πώς ὁ Ἐφιάλτης θά φανεῖ στό τέλος,
κ' οἱ Μῆδοι ἐπιτέλους θά διαβοῦνε.

ΚΩΝΣΤΑΝΤΙΝΟΣ ΚΑΒΑΦΗΣ

Les Thermopyles

Honneur à ceux qui toute leur vie s'assignent comme tâche la défense des Thermopyles ! Ne s'écartant jamais du devoir, équitables et justes en toute chose, mais aussi indulgents et pitoyables, généreux quand ils sont riches, quand ils sont pauvres généreux aussi dans la mesure de leurs ressources et secourant autrui autant qu'ils le peuvent, véridiques, mais sans haine contre ceux qui mentent.

Et plus que jamais dignes de louanges s'ils se rendent compte (et ils le font parfois) qu'Éphialte va paraître et que les Mèdes auront le dessus.

CONSTANTIN CAVAFY
(Traduction de Marguerite Yourcenar et Constantin Dimaras)

Χαρά...

Χαρά στοῦ Ἱεροῦ βουνοῦ τή μοναξιά, στόν καθαρόν
[ἀγέρα,
ν' ἀνηφορίζεις μοναχός μ'ἕνα δαφνόφυλλο στά δόντια!
καί νά γρικᾶς τή βασιλόφλεβα νά παίζει στ' ἀντικνήμια,
νά διαπερνάει τό γόνα, τά νεφρά, νά πιάνει τό λαιμό σου,
καί ποταμός ν' ἁπλώνεται στό νοῦ νά τόν ριζοποτίζει.
Καί νά μή λές· «Θά πάω δεξά, θά πάω ζερβά», μά νά
[φυσούνε
κι οἱ τέσσερις ἀνεμικές στό σταυροδρόμι τοῦ μυαλοῦ σου.
Κι ὅσο ἀνεβαίνεις, τό Θεό ν' ἀκοῦς ὁλοῦθε ν' ἀναπνέει,
καί πλάι σου νά γελάει, νά περπατάει καί νά κυλάει τίς
[πέτρες·
νά στρέφεσαι, ψυχή νά μή θωρᾶς, σάν κυνηγός πού βγῆκε
ροδοχαράματα γιά πέρδικα, φτερούγα δέν ξεκρίνει,
μά σύμπλαγο τ' ὁλόδροσο βουνό γρικάει νά κακαρίζει.
Χαρά σά φλάμπουρο νά τρέμει ἡ γῆς στήν αὐγινή
[κατάχνια,

νά 'ναι γερό, σπαθάτο τό ἄλογο πού καβαλάει ἡ ψυχή σου,
διπλά νεφρά καί κάστρο ἡ κεφαλή, κι ἀπά στό μέγα
[στῆθος
κάντρες νά κρέμουνται ἀσημόχρουσες ὁ γήλιος, τό
[φεγγάρι·
Καί νά κινᾶς γιά τ' ἄπιαστα πουλιά, τό νοῦ ν' ἀφήνεις
[πίσω

Joie

Dans l'air pur et la solitude,
        haut sur la Montagne Sacrée,
Quel bonheur de monter tout seul
        en mâchant un brin de laurier
Et de sentir dans ses mollets
        couler la royauté du sang :
Elle irrigue genoux, reins, gorge
        avant de s'étaler en fleuve
Dans les terres de la pensée
        pour désaltérer ses racines !
La joie de n'avoir pas à dire :
        « Allons à droite, allons à gauche ! »
Mais de laisser les vents courir
        aux chemins croisés du cerveau,
De grimper et d'écouter Dieu :
        partout sa présence divine
Respire, rit, marche avec toi
        en faisant glisser les cailloux.
Tu n'aperçois âme qui vive,
        pareil au chasseur matinal
Qui, parti dès le point du jour,
        ne voit pas voler de perdrix
Mais entend la montagne entière
        piailler, au frais dans sa rosée.
Joie ! Comme flotte une bannière
        le pays tremble dans la brume,
Tu sens ton âme qui chevauche
        un superbe animal fougueux :
Doubles reins et tête massive,
        poitrail large et, pour pendentifs,

καί τή ζωή τή βροντοκούδουνη καί τή χαρά τήν κούρβα.
καί ν' ἀποκαιρετᾶς τήν ἀρετή καί τή μουδιάστρα ἀγάπη
κι ὅπως ἀφήνει τό φιδόντυμα στ' ἀγκάθια ὁ
                                        [κουρκουλάτος
καί οὔ ν' ἀφήνεις πίσω σου τή γῆς, τή σκουληκογλειμμένη!

ΝΙΚΟΣ ΚΑΖΑΝΤΖΑΚΗΣ

Deux faux bijoux d'argent et d'or :
        c'est le soleil et c'est la lune.
Courir à des oiseaux furtifs
        en laissant l'esprit loin derrière,
Et la vie abrutie de cris,
        et la joie, fille dépravée !
Et renoncer à la vertu
        comme à l'amour qui paralyse,
Et, comme un serpent abandonne
        sa peau morte dans les broussailles,
Abandonner derrière toi
        la Terre grouillante de vers !

NIKOS KAZANTZAKIS
(Traduction de Bernard Lorraine)

Ὁ τόπος μας εἶναι κλειστός

Ὁ τόπος μας εἶναι κλειστός, ὅλο βουνά
πού ἔχουν σκεπή τό χαμηλό οὐρανό μέρα καί νύκτα.
Δέν ἔχουμε ποτάμια, δέν ἔχουμε πηγάδια, δέν ἔχουμε
[πηγές.

μονάκα λίγες στέρνες, ἄδειες κι αὐτές, πού ἠκοῦν καί πού
[τίς προσκυνοῦμε.
Ἦχος στεκάμενος, κούφιος, ἴδιος μέ τή μοναξιά μας,
ἴδιος μέ τήν ἀγάπη μας, ἴδιος μέ τά σώματά μας.
Μᾶς φαίνεται παράξενο πού κάποτε μπορέσαμε νά
[χτίσουμε
τά σπίτια, τά καλύβια καί τίς στάνες μας.
Κι οἱ γάμοι μας, τά δροσερά στεφάνια καί τά δάκτυλα,
γίνουνται αἰνίγματα ἀνεξήγητα γιά τήν ψυχή μας.
Πῶς γεννήθηκαν, πῶς δυναμώσανε τά παιδιά μας;

Ὁ τόπος μας εἶναι κλειστός. Τόν κλείνουν
οἱ δυό μαῦρες Συμπληγάδες. Στά λιμάνια,
τήν Κυριακή σάν κατεβοῦμε νά ἀνασάνουμε,
βλέπουμε νά φωτίζονται στό ἡλιόγερμα
σπασμένα ξύλα ἀπό ταξίδια πού δέν τελείωσαν,
σώματα πού δέν ξέρουν πιά πῶς ν' ἀγαπήσουν.

ΓΙΩΡΓΟΣ ΣΕΦΕΡΗΣ

Notre pays est clos

Notre pays est clos, partout des montagnes
couvertes nuit et jour par le ciel bas.
Nous n'avons pas de fleuves, nous n'avons pas de
puits, nous n'avons pas de sources ;
seules quelques citernes, vides elles aussi, résonnent,
et nous les adorons.
Son immobile et creux, semblable à notre solitude,
semblable à notre amour, semblable à nos corps.
Il nous semble étrange qu'autrefois nous ayons pu
construire
nos maisons, nos chaumières et nos enclos.
Nos mariages, les fraîches couronnes et les anneaux,
deviennent des énigmes inexplicables pour notre âme.
Comment nos enfants sont-ils nés, comment ont-ils
grandi ?

Notre pays est clos. Il est fermé
par les deux noires Symplégades. Dans les ports,
le dimanche, quand nous y descendons pour respirer,
nous regardons s'illuminer dans le soleil couchant
des morceaux de bateaux brisés de voyages qui n'ont
pas abouti,
des corps qui ne savent plus comment aimer.

GEORGES SEFERIS
(Traduction de S. Stanitsas)

Ἐαρινή συμφωνία

Ἔξω ἡ κατάκρυση μεσημβρία
καίγεται στίς φλέβες
τῶν τζιτζικιῶν.

Ἀκοῦμε τίς φωνές τῶν παιδιῶν
πού λούζονται στόν ἥλιο
καί στή θάλασσα.

Ἐγώ, ἀσφαλισμένος
μέσα στό γήινο ρίγος μου,
γεύομαι τόν οὐρανό.

Σφίγγω τό χέρι σου.

Ἀραγμένα τ᾽ἄσπρα καΐκια
κι οἱ σκιές τῶν γλάρων
γράφονται
στήν ὑγρήν ἀμμουδιά
καί στή σάρκα μας.

Καμιά σειρήνα δέ σφυρίζει.
Κανένας δέν ἀποδημεῖ.

Ζεστή χρυσή μεσημβρία.
Σταθμός τοῦ Ἀπείρου
ἡ καρδιά μας.

ΓΙΑΝΝΗΣ ΡΙΤΣΟΣ

Symphonie printanière

Dehors, le midi tout doré
brûle dans les veines
des cigales.

Nous entendons les cris des enfants
qui se baignent dans le soleil
et dans la mer.

Moi, rassuré
au milieu de mon frisson terrestre,
je goûte le ciel.

Je serre ta main.

Les voiliers blancs ont jeté l'ancre,
et les ombres des mouettes
s'inscrivent
sur le sable humide
et sur notre chair.

Aucune sirène ne siffle.
Personne n'est en partance.

Chaud et doré midi.
Station de l'Infini
notre cœur.

YANNIS RITSOS
(Traduction de M. Mélot)

Irlande

Irlande

Poblacht na h' Eireann
70 280 km² (sans l'Ulster)
3 540 000 habitants.

Du VIIe siècle au XIIe siècle, la voix humaine sur accompagnement de harpe celtique chanta la gloire du catholicisme puis les épopées d'inspiration mythologique, en langue gaélique, ce terme désignant le groupe des divers dialectes d'Irlande. Mais la grande période commença au début du XVIIe siècle (date de l'achèvement de la conquête par les Anglais) et dura un siècle et demi, regroupant des poètes dispersés dans les *Cours de Poésie* présidées par un Haut Sheriff, poètes partagés entre deux courants : l'un de nature élégiaque, l'autre tout en effusions lyriques, mais tous deux privilégiant la qualité mélodique, rime ou assonance, dont les représentants se nomment Turlough O'Carolan, Egan O'Rahilly, Owen Roe O'Sullivan et Brian Merriman, un précieux recueil des débuts de la période moderne étant le *Livre du Doyen de Lismore* dans lequel James Macgregor rassemble les textes de la tradition orale.

Au XIXe siècle, la République d'Irlande parvient à ranimer la langue des ancêtres, mais cette résurrection trouve peu d'échos. Quelques poètes obtiennent cependant une audience. Ce sont Patrick Pearse, Piaras Beaslai, Tadhg O'Donnchada, Osborne Bergin.

Étape significative : entre 1956 et 1966, Maire Mhacan tSaoi, Sean O'Riordain, Mairtin O'Direain publient toujours en gaélique, mais l'influence de leurs confrères anglais se fait perceptible et bientôt toute diffusion réelle passe par la langue anglaise.

Bref, il a fallu attendre le xixe siècle pour assister à l'émergence d'une véritable poésie de source populaire, le plus souvent chantée sous forme de ballades et de complaintes en gaélique, que recueilleront et dont s'inspireront les contemporains majeurs nourris du passé de l'Irlande mais s'exprimant en anglais. Le plus représentatif restant, jusqu'à nouvel ordre, William Butler Yeats, pionnier du renouveau celtique sur lequel s'exerce la fascination des légendes, un Yeats qui jusqu'à la fin reprendra son premier recueil de 1889 : *Les errances d'Oisin*, modifiant et épurant sa langue et ses œuvres précédentes pour leur donner plus d'intensité.

Father Roach

O, a pattern was he of a true Irish priest,
To carve the big goose at the big wedding feast,
To peel the big "pratie" and take the big can,
(With a very big picture upon it of "Dan"),
To pour out the punch for the bridegroom and bride,
Who sat smiling and blushing on either side...

Father Roach had a very big parish,
By the very big name of Knockdundherumdharish,
With plenty of bog, and with plenty of mountain : —
The miles he'd to travel would throuble you countin'.
The duties were heavy — to go through them all —
Of the wedding and christ'ning, the mass, and
                                        [sick-call —
Up early, down late, was the good parish pastor : —
Few ponies than his were obliged to go faster...

And Father Roach had a very big stick,
Which could make very thin any crowd he found
                                        [thick ;
In a fair he would rush through the heat of the action,
And scatter, like chaff to the wind, ev'ry faction...

Father Roach had a very heart...

SAMUEL LOVER, alias DANIEL O'CONNELL

M'sieu l'Curé

C'était un parangon de curé irlandais
Pour découper la dinde aux noces et banquets,
Pour peler la patate ou vous descendre un pot
(Avec le cher Dany dessiné au pinceau),
Pour distribuer le punch au couple des mariés
Assis, tout rougissants, chacun à son côté...

M'sieu l'Curé possédait une vaste paroisse
Avec un nom très long : Knockdundherumdharois,
Couverte de tourbières, escarpée à ravir :
Le cher homme avait donc beaucoup à parcourir,
Ses devoirs étaient lourds, s'ils coûtaient assez chers :
Marier, baptiser, célébrer, mettre en terre,
Levé tôt, couché tard — et sa pauvre jument
Aurait bien préféré aller plus lentement...

M'sieu l'Curé brandissait un solide gourdin
Qui vous aplatissait les bandes de gredins :
À la foire il fonçait droit au feu de l'action
Et nul ne résistait, n'importe la faction...

M'sieu l'Curé, c'est certain, avait l'cœur sur la main...

Samuel Lover, alias Daniel O'Connell
(Traduction de Patrick Rafroidi)

I saw from the beach

I saw from the beach, when the morning was shining,
  A bark o'er the waters move gloriously on;
I came when the sun from that beach was declining,
  The bark was still there, but the waters were gone.

And such is the fate of our life's early promise,
  So passing the spring-tide of joy we have known;
Each wave, that we danc'd on at morning, ebbs from
                                              [us,
  And leaves us, at eve, on the bleack shore alone.

Ne'er tell me of glories, serenely adorning
  The close of our day, the calm eve of our night; —
Give me back, give me back the wild freshness of
                                      [Morning,
  Her clouds and her tears are worth Evening's best
                                              [light.

THOMAS MOORE

Mélodie irlandaise

Le soleil du matin commençait sa carrière.
Je vis, près du rivage, une barque légère
Se bercer mollement sur les flots argentés.
Je revins quand la nuit descendait sur la rive :
La nacelle était là, mais l'onde fugitive
Ne baignait plus ses flancs dans le sable arrêtés.

Et voilà notre sort ! au matin de la vie
Par des rêves d'espoir notre âme poursuivie
Se balance un moment sur les flots du bonheur ;
Mais, sitôt que le soir étend son voile sombre,
L'onde qui nous portait se retire, et dans l'ombre
Bientôt nous restons seuls en proie à la douleur.

Au déclin de nos jours on dit que notre tête
Doit trouver le repos sous un ciel sans tempête ;
Mais qu'importe à mes vœux le calme de la nuit !
Rendez-moi le matin, la fraîcheur et les charmes ;
Car je préfère encor ses brouillards et ses larmes
Aux plus douces lueurs du soleil qui s'enfuit.

Thomas Moore
(Adaptation de Gérard de Nerval)

The lapful of nuts

Whene'er I see soft hazel eyes
  And nut-brown curls,
I think of those bright days I spent
  Among the Limerick girls;
When up through Cratla woods I went,
  Nutting with thee;
And we pluck'd the glossy clustering fruit
  From many a bending tree.

Beneath the hazel boughs we sat,
  Thou, love, and I,
And the gather'd nuts lay in thy lap,
  Beneath thy downcast eye:
But little we thought of the store we'd won,
  I, love, or thou;
For our hearts were full, and we dare not own
  The love that's spoken now.

Oh, there's wars for willing hearts in Spain,
  And high Germanie!
And I'll come back, ere long, again,
  With knightly fame and fee:
And I'll come back, if I ever come back,
  Faithful to thee,
That sat with thy white lap full of nuts
  Beneath the hazel tree.

SAMUEL FERGUSON

Le tablier plein de noisettes

Chaque fois que je vois de tendres yeux noisette
    Et des cheveux châtains,
Je songe aux jours heureux d'antan, et vous regrette,
    Filles de Limerick.
Je montais à Cratla, par les bois effeuillés,
    Avec vous j'y cueillais
Les bouquets de ces fruits arrachés aux branchettes
    Des arbustes ployés.

Puis nous nous asseyions sur les lichens mousseux,
    Vous, l'amour et moi.
La récolte emplissait vos tabliers. Parfois
    Vous baissiez les yeux
Et nous ne songions guère aux provisions. Heureux,
    Vous, l'amour et moi,
Car nos cœurs étaient pleins de ce je ne sais quoi
    Qu'est l'amour, je crois.

Pour les braves, il est des guerres en Espagne
    Tout comme en Allemagne.
Chevalier renommé, je reviendrai bientôt
    Vivre dans mon château.
Je reviendrai bientôt... Si jamais je reviens.
    Et ce sera, fillettes,
En souvenir des jours où roulaient les noisettes
    Dans vos tabliers pleins.

SAMUEL FERGUSON
(Traduction de Christine Abdel et Bernard Lorraine)

Why does my heart beat so?

Why does my heart beat so?
Did not a shadow pass?
It passed by a moment ago.
Who can have trod in the grass?
What rogue is night-wandering?
Have not old writers said
That dizzy dreams, can spring
From the dry bones of the dead?
And many a night it seems
That all the valley fills
With those fantastic dreams.
They overflow the hills,
So passionate is a shade,
Like wine that fills to the top
A grey-green cup of jade,
Or maybe an agate cup.

WILLIAM BUTLER YEATS

Pourquoi mon cœur bat-il ainsi?

Pourquoi mon cœur bat-il ainsi?
Était-ce une ombre qui passait?
Elle vient de passer ici.
Et qui donc sur l'herbe marchait?
Quel vagabond erre en la nuit?
Parfois, le vertige des rêves,
Comme d'anciens auteurs l'ont dit,
Des os séchés des morts s'élève.
Et la nuit, il semble souvent
Que s'emplit toute la vallée
De ces rêves hallucinants.
Les collines sont submergées
Par une ombre qui se dilate,
Comme à ras bord le vin remplit
Une coupe en jade vert-gris,
Ou même une coupe d'agate.

WILLIAM BUTLER YEATS
(Traduction de Jacques Charpentreau)

Ecce puer

Of the dark past
A child is born;
With joy and grief
My heart is torn.

Calm in his cradle
The living lies.
May love and mercy
Unclose his eyes!

Young life is breathed
On the glass;
The world that was not
Comes to pass.

A child is sleeping:
An old man gone.
O, father forsaken,
Forgive your son!

JAMES JOYCE

Ecce puer

Du noir passé
Un enfant naît ;
Joie et douleur
Tordent mon cœur.

Dans son berceau
Calme est sa vie.
Amour, pitié
Ouvrent ses yeux !

Un jeune souffle
Embue la glace ;
Surgit un monde
Qui n'était pas.

Un enfant dort,
Un vieillard meurt.
Père perdu,
Ton fils t'implore !

JAMES JOYCE
(Traduction de Jacques Borel)

Requiem for a personal friend

A striped philistine with quick
Sight, quiet paws, today —
In gorging on a feathered prey —
Filleted our garden's music.

Such robbery in such a mouthful!
Here rests, shovelled under simple
Vegetables, my good example —
Singing daily, daily faithful.

No conceit and not contrary —
My best colleague, worst of all,
Was half-digested, his sweet whistle
Swallowed like a dictionary.

Little victim, song for song —
Who share a trade must share a threat —
So I write to cheat the cat
Who got your body, of my tongue.

EAVAN BOLAND

Requiem pour un ami personnel

Tigré, l'œil vif, un Philistin,
Aujourd'hui, pattes silencieuses,
Avalant une proie plumeuse,
Ôta la musique au jardin.

Quelle perte en cette bouchée !
Ci-gît, sous de pauvres légumes,
Le bon exemple que nous eûmes :
Chant quotidien, fidélité.

Le pire : mon meilleur confrère,
Sans envie et sans vanité,
Fut mi-digéré. Son sifflet
Avalé comme un dictionnaire.

Pauvre oiseau, ce chant est pour toi —
Même métier, même danger —
Et j'écris pour ne pas donner
Ma langue au chat qui te mangea.

EAVAN BOLAND
(Adaptation de Jacques Charpentreau)

Italie

Italie

Repubblica italiana, République
301 000 km²
57 436 000 habitants.

La poésie italienne étant une poésie de génies isolés qui apparaissent sporadiquement, il ne faut pas y chercher une continuité à tout prix dans un pays où aux XIIIe et XIVe siècles éclôt une remarquable production qui servira longtemps de modèle à l'Europe. Dante Alighieri en est véritablement l'initiateur, précédé par saint François d'Assise. Guido Guinizelli, le premier en date des poètes de l'amour, est aussi l'inventeur du sonnet.

Viennent ensuite Pétrarque et Boccace, l'annonciateur du lyrisme du siècle suivant, illustré à la Renaissance par Laurent de Médicis et Angelo Poliziano, dit le Politien, qui font de Florence la cité des arts et de la paix, alors qu'à Milan, puis en France, Léonard de Vinci révèle ses multiples talents d'artiste complet.

Une autre forme littéraire se manifeste : c'est la poésie épique et chevaleresque dans laquelle se distingue Ludovico Ariosto, dit l'Arioste. Un peu plus tard, Machiavel, Benedetto Cariteo, Tebaldeo, Luigi Tansillo, le cardinal Pietro Bembo, Angelo Firenzuola, fabuliste précurseur de notre La Fontaine, furent eux aussi des poètes en vogue. Michel-Ange Buonarroti, artiste aussi complet que Léonard de Vinci, est le contemporain de trois grandes poétesses :

Vittoria Colonna, Veronica Gàmbara, Gaspara Stampa. Mais la veine poétique va s'éteindre après la disparition du dernier géant de la poésie épique : Torquato Tasso, dit le Tasse.

Le XVIIᵉ siècle n'est pas le plus riche en qualité, la brillante exception étant le Napolitain Gianbattista Marino, dit le Chevalier Marin, fêté à la Cour de Louis XIII et de Marie de Médicis pour son art maniéré et flamboyant. Son rival se nomme Gaspare Murtola, ses imitateurs Alessandro Guidi et Carlo Maria Maggi, tandis que Salvator Rosa, poète satirique, fustige les mœurs de ses contemporains.

Sous l'appellation d'*Arcadie*, le XVIIIᵉ siècle produit une poésie de fades pastorales. Nous ne retiendrons que quelques noms : celui de Pietro Trapassi, dit le Métastase, de Giuseppe Parini, de Vincenzo Monti. À cheval sur deux siècles, et beaucoup plus original, le romantique Ugo Foscolo nous laisse de beaux poèmes d'amour et de mort.

Au XIXᵉ siècle, le Romantisme devient politique et prend parti pour la lutte d'émancipation contre la domination autrichienne, à l'exception cependant de Giacomo Leopardi, trop tourmenté et trop individualiste pour s'engager. Les autres poètes, comme le satirique Giuseppe Giusti ou l'intimiste et réaliste Vittorio Betteloni, tombèrent assez vite dans l'oubli. Il en va de même pour les poètes universitaires érudits qui imposèrent longtemps leur loi et régentèrent de leur vivant la poésie, comme le prix Nobel 1906 : Giosue Carducci.

Au xxᵉ siècle, Gabriele D'Annunzio s'affirme comme un grand poète de la sensualité, tandis que Giovanni Pascoli évoque la vie bucolique. L'œuvre de Piero Jahier et celle de Renato Serra présentent des ressemblances avec celle de Péguy, pour le premier, celle de Rimbaud, pour le second. Plus personnelles et plus originales nous apparaissent les poétesses Ada Negri, marquée par l'inspiration socialisante, et Sibilla Aleramo, toute en sensualité.

Plus près de nous, Giuseppe Ungaretti suit un itinéraire qui le conduit du Futurisme à l'hermétisme et au laconisme dépouillé de ses derniers recueils.

Trois poètes lyriques marquent plus nettement leur époque : Umberto Saba, profondément humain, visant à la simplicité, maître de l'expression limpide ; Eugenio Montale, exigeant jusqu'à l'hermétisme ; Salvatore Quasimodo, autre prix Nobel (1959) qui s'efforce d'exprimer dans la densité le tourment intellectuel de l'homme dans un univers en bouleversement. Ce ne sont, évidemment, que quelques grands noms parmi tant d'autres.

Après la chute du fascisme et avec le retour de la République apparaît une poésie plus hardie, plus déconcertante parfois, sensible aux influences étrangères, mais sans véritables novateurs, exception faite de Cesare Pavese, antifasciste de la première heure, artisan original du vers libre, poète hanté par le tragique de l'existence, par la solitude et par une fascination du néant qui devait lui être fatale. Fidèles à son exemple et à son souvenir, de nombreux jeunes poètes se sont rassemblés pour une quête lyrique, sociale et psychologique qui semble être la dominante de la foisonnante poésie italienne d'aujourd'hui.

O crudelis Alexi...

« O crudelis Alexi, nihil mea carmina curas?
nil nostri miserere? mori me denique coges.
Nunc etiam pecudes umbras et frigora captant;
nunc viridis etiam occultant spineta lacertos,

Despectus tibi sum, nec qui sim quaeris, Alexi,
quam dives pecoris, nivei quam lactis abundans.
Mille meae Siculis errant in montibus agnae;
lac mihi non aestate novum, non frigore defit.
Canto, quae solitus, si quando armenta vocabat,
Amphion Dircaeus in Actaeo Aracyntho.

Mecum una in silvis imitabere Pana canendo
Pan primus calamos cera coniungere plurís
instituit; Pan curat ovis oviumque magistros.
Nec te paeniteat calamo trivisse labellum...

Aspice, aratra iugo referunt suspensa iuvenci,
et sol crescentis decedens duplicat umbras;
me tamen urit amor; quis enim modus adsit amori?

PUBLIUS VERGILIUS MARO

Le pauvre berger Corydon supplie son ami Alexis

Alexis, ô cruel que j'ai tort de chérir,
Si tu n'as pas pitié, tu me feras mourir...
C'est l'heure étincelante où la brebis laineuse
Recherche l'ombre fraîche au profond des fourrés,
Et le grand lézard vert, sous la ronce épineuse,
Pour fuir le dur soleil ferme ses yeux dorés.

Tu me méprises sans savoir ce que je vaux !
Demande qui je suis à Mipsus, à Mnasyle :
Moi, j'ai mille brebis dans les monts de Sicile.
L'hiver comme l'été je bois du lait nouveau !
Et je sais des chansons que peu de gens connaissent
Comme celle qu'Amphion sur les plateaux herbeux
De l'antique Aracynthe, au temps de sa jeunesse
Sifflait sur son pipeau pour rappeler ses bœufs.

En poussant les chevreaux dans la menthe et la mauve
Nous imiterions Pan, qui charme les oiseaux...
C'est Pan qui le premier, avec la cire fauve
Pour inventer la flûte, assembla sept roseaux...

L'attelage de bœufs ramène à la maison,
Suspendu sous le joug, le soc luisant qui tinte.
L'ombre des peupliers, plus longue et plus distincte
Tombe du soleil rouge en sa déclinaison.
La flamme dans mon cœur pourtant n'est pas éteinte.
Car il n'est pas de trêve au feu de ce poison...

Virgile
(Traduction de Marcel Pagnol)

Altissimu, onnipotente...

Altissimu, onnipotente, bon Signore,
tue son le laude, la gloria e l'onore et onne
                                              [benedictione.
Ad te solo, Altissimo, se konfano
et nullu omu ene dignu Te mentovare.

Laudato si, mi Signore, cum tucte le tue creature,
spetialmente messor lo frate sole,
lo quale jorna, et illumini per lui ;
et ellu è bellu e radiante cum grande splendore ;
de Te, Altissimo, porta significatione.

Laudato si, mi Signore, per sora luna e le stelle ;
in celu l'ài formate clarite et pretiose et belle.

Laudato si, mi Signore, per frate vento
et per aere et nubilo et sereno et onne tempo,
per le quale e le tue creature dai sustentamento.

Laudato si, mi Signore, per sor'acqua,
la quale è multo utile, et humele, et pretiosa et casta.

Laudato si, mi Signore, per frate focu,
per lo quale ennallumini la nocte,
et ello è bellu et jucundo, et robustoso et forte.

Laudate si, mi Signore, per sora nostra matre terra,
la quale ne sustenta e governa,
e produce diversi fructi, con coloriti fiori et herba.

SAINT FRANÇOIS D'ASSISE

Cantique des créatures

Très-haut, tout-puissant et bon Seigneur
À toi louanges, gloire, honneur et toute bénédiction.
À toi seul, très-haut, elles conviennent
Et nul homme n'est digne de mentionner ton nom.

Sois loué, mon Seigneur, avec toutes tes créatures
Et particulièrement par messire notre frère le soleil
Qui nous donne le jour et produit la lumière !
Il est beau et rayonnant d'une grande splendeur :
De toi, très-haut, il porte signification.

Sois loué, mon Seigneur, par notre sœur la lune et nos sœurs
[les étoiles :
Tu les as formées dans le ciel, claires, précieuses et belles.

Sois loué, mon Seigneur, par notre frère le vent,
Par l'air et le nuage et le beau temps et toutes les saisons :
Car grâce à elles tu nourris tes créatures.

Sois loué, mon Seigneur, par notre sœur l'eau
Qui est si utile, humble, précieuse et chaste.

Sois loué, mon Seigneur, par notre frère le feu
Avec lequel tu nous éclaires la nuit :
Il est beau et joyeux, il est robuste et fort.

Sois loué, mon Seigneur, par notre sœur la terre notre mère
Qui nous nourrit et nous soutient
Et produit des fruits variés, des fleurs de couleur et de
[l'herbe.

SAINT FRANÇOIS D'ASSISE
(Traduction d'Armand Monjo)

Deh peregrini...

Deh peregrini che pensosi andate,
forse di cosa che non v'è presente,
venite voi da sì lontana gente,
com'a la vista voi ne dimostrate,

che non piangete quando voi passate
per lo suo mezzo la città dolente,
come quelle persone che neente
par che 'ntendesser la sua gravitate?

Se voi restaste per volerlo audire,
certo lo cor de' sospiri mi dice
che lagrimando n'uscireste pui.

Ell'ha perduta, la sua beatrice;
e le parole ch'om di lei pò dire
hanno vertù di far piangere altrui.

DANTE ALIGHIERI

À des pèlerins qui traversent Florence

Ah pèlerins, que peut-être un regret
Tient soucieux d'une chose ignorée,
Venez-vous donc de lointaine contrée?
D'après votre apparence on le croirait.

Car vous passez par la cité navrée
Et nulle larme à vos cils ne paraît,
Comme si point n'étiez dans le secret
De sa détresse et de ce qui la crée.

Si vous vouliez l'entendre il ne se peut,
Mon cœur le sait, que vous quittiez ce lieu
Sans que de pleurs votre œil ne se remplisse.

Notre ville a perdu sa Béatrice,
Et tous les mots que d'elle vous dirai
Ont la vertu de faire gens pleurer.

DANTE ALIGHIERI
(Traduction de Robert Vivier)

Oimè il bel viso...

Oimè il bel viso, oimè il soave sguardo,
oimè il leggiadro portamento altero !
Oimè il parlar ch'ogni aspro ingegno e fero
facevi umìle, ed ogni uom vil gagliardo !

Et oimè il dolce riso onde uscìo 'l dardo
di che morte, altro bene omai non spero !
Alma real, dignissima d'impero,
se non fossi fra noi scesa sì tardo !

Per voi conven ch'io arda e 'n voi respire,
ch'i' pur fui vostro ; e se di voi son privo,
via men d'ogni sventura altra mi dole.

Di speranza m'empieste, e di desire,
quand'io parti' dal sommo piacer vivo ;
ma 'l vento ne portava le parole.

FRANCESCO PETRARCA

Ô suave regard...

Ô suave regard, adorable visage,
Port noble, où s'alliait la grâce à la fierté,
Voix, qui même au plus lâche inspirait le courage,
Qui du plus rude esprit tempérait l'âpreté !

Doux souris, d'où partit le trait qui me déchire,
Qui ne me laisse pas d'espoir que le trépas,
Âme digne d'un roi, digne en tout d'un empire,
Si Dieu ne l'eût trop tard fait descendre ici-bas !

Il faut que pour eux seuls et je brûle et je vive.
Car je leur appartiens ; et quand le ciel m'en prive,
Aucun autre malheur ne saurait m'émouvoir !

Hélas ! quand je priais, ô mon bonheur suprême !
D'espoir et de désirs vous m'enflammiez vous-même,
Les vents ont emporté mes vœux et mon espoir.

FRANÇOIS PÉTRARQUE
(Traduction de Viennet)

Quant' è bella giovinezza

Quant' è bella giovinezza,
Che si fugge tuttavia !
Chi vuol esser lieto, sia :
Di doman non c'è certezza.
...

Ciascun apra ben gli orecchi ;
Di doman nessun si paschi ;
Oggi siam giovani e vecchi
Lieti ognun, femmine e maschi ;
Ogni tristo pensier caschi ;
Facciam festa tuttavia.
Chi vuol esser lieto, sia :
Di doman non c'è certezza.

Donne e giovanetti amanti,
Viva Bacco e viva Amore !
Ciascun suoni, balli e canti !
Arda di dolcezza il core !
Non fatica, non dolore !
Quel c'ha esser, convien sia.
Chi vuol esser lieto sia :
Di doman non c'è certezza.

Quant'è bella giovinezza
Che si fugge tuttavia !

LORENZO DE' MEDICI

Comme elle est belle, la jeunesse...

Comme elle est belle, la jeunesse,
Qui fleurit et dure un matin !
Fasse aujourd'hui, qui veut, liesse.
Qui sait ce que sera demain ?
...

Allez, courez, troupe dansante,
Hommes, femmes, jeunes et vieux !
Fol, qui d'avenir se tourmente
Quand le présent est radieux !
Déclarez guerre à la tristesse,
Le plaisir s'offre à vous sans frein,
Fasse aujourd'hui, qui veut, liesse
Qui sait ce que sera demain ?

Cavaliers, dames amoureuses,
Célébrez Bacchus et l'Amour !
Qu'à vos chants, vos danses heureuses,
Chaque cœur s'embrase à son tour ;
Chassez tout ce qui lasse et blesse
Ce qui doit être est en chemin,
Fasse aujourd'hui, qui veut, liesse
Nul n'est assuré de demain !

Qu'elle est donc belle, la jeunesse,
Qui fleurit et passe soudain !

Laurent de Médicis
(Traduction de Paul Baillère)

I' ho già fatto un gozzo...

I' ho già fatto un gozzo in questo stento,
Come fa l'acqua a' gatti in Lombardia
Ovver d'altro paese che si sia,
Ch'a forza'l ventre appicca sotto 'l mento.

La barba al cielo e la memoria sento
In sullo scrigno e'l petto fo d'arpia,
E'l pennel sopra 'l viso tuttavia
Mel fa, gocciando, un rico pavimento.

E' lombi entrati mi son nella peccia,
E fo del cul per contrappeso groppa;
E' passi senza gli occhi muovo invano.

Dinanzi mi s'allunga la corteccia,
E per piegarsi, addietro si raggroppa,
E tendomi com'arco soriano.

MICHELANGELO BUONARROTI

Quand l'auteur peignait la voûte
de la Chapelle Sixtine

Ce que l'on gagne à peindre un plafond à la fresque,
C'est un goitre d'abord ; car j'ai sous le menton,
— Comme l'eau de Milan en donne aux chats, dit-on,
Une sorte de panse importune et grotesque.

Ma barbe pointe au ciel ; et ma nuque va presque
Dans le dos ; ma poitrine est celle d'un triton ;
Ma face, où le pinceau dégoutte en maint feston.
A les riches couleurs d'un tapis barbaresque.

Les reins se creusent ; mais, par compensation,
Le cul avance et bombe en forme de croupion ;
Sans le secours des yeux mes pieds cherchent leur
                                              [route.

Mon écorce s'allonge à craquer par devant,
Tandis que, par derrière, elle se fronce toute ;
Et mon corps semble un arc dans le poing qui le tend.

MICHEL-ANGE BUANARROTI
(Traduction de Henry Michel)

L'Infinito

Sempre caro mi fu quest'ermo colle,
E questa siepe, che da tanta parte
Dell'ultimo orizzonte il guardo esclude.
Ma sedendo e mirando, interminati
Spazi di là da quella, e sovrumani
Silenzi, e profondissima quiete
Io nel pensier mi fingo; ove per poco
Il cor non si spaura. E come il vento
Odo stormir tra queste piante, io quello
Infinito silenzio a questa voce
Vo comparando: e mi sovvien l'eterno,
E le morte stagioni, e la presente
E viva, e il suon di lei. Così tra questa
Immensità s'annega il pensier mio:
E il naufragar m'è dolce in questo mare.

GIACOMO LEOPARDI

L'Infini

J'aimai toujours ce coteau solitaire
Et ces broussailles qui de la dernière
Ligne d'espace cachent tant aux yeux.
Assis cependant je regarde et pense,
Et par delà j'imagine des lieux
Sans bornes, un grand calme, et des silences
Surhumains. Peu s'en faut que le frisson
Ne m'y saisisse... Et comme en ce buisson
J'entends frémir la brise je confronte
L'infini du silence à cette voix.
Je songe à l'éternel, j'écoute en moi
Les saisons sans échos à quoi répondent
La présente et son bruit : Par la profonde
Immensité mon esprit se dissout,
Et dans cet océan sombrer m'est doux.

GIACOMO LEOPARDI
(Traduction de Robert Vivier)

Capra

Ho parlato a una capra.
era sola sul prato, era legata.
Sazia d'erbe, bagnata
dalla pioggia, belava.

Quell'uguale belato era fraterno
al mio dolore. Ed io risposi, prima
per celia, poi perchè il dolore è eterno,
ha una voce e non varia.
Questa voce sentivo
gemere in una capra solitaria.

In una capra dal viso semita
sentivo querelarsi ogni altro male,
ogni altra vita.

UMBERTO SABA

La chèvre

J'ai parlé à une chèvre
seule dans le pré, attachée.
Rassasiée d'herbe
trempée de pluie, elle bêlait.

Ce bêlement monotone était frère
de ma douleur. Et je lui répondis, d'abord
par jeu, puis parce que la douleur est éternelle :
elle n'a qu'une voix, qui ne change jamais.
Et c'est elle que j'entendais
gémir en une chèvre solitaire.

Une chèvre au visage sémite
en qui j'entendais gémir tous les autres maux,
toutes les autres vies.

Umberto Saba
(Traduction d'Armand Monjo)

La speranza

Per l'amor dei poeti
Principessa dei sogni segreti
Nell'ali dei vivi pensieri ripeti ripeti
Principessa i tuoi canti:
O tu chiomata di muti canti
Pallido amor degli erranti
Soffoca gli inestinti pianti
Da' tregua agli amori segreti:
Chi le taciturne porte
Guarda che la Notte
Ha aperte sull'infinito?
Chinan l'ore: col sogno vanito
China la pallida Sorte

Per l'amor dei poeti, porte
Aperte de la morte
Su l'infinito!
Per l'amor dei poeti
Principessa il mio sogno vanito
Nei gorghi de la Sorte!

DINO CAMPANA

L'espérance

Pour l'amour de tous les poètes,
O Princesse des rêveries secrètes,
Sur l'aile des pensées vives, répète,
Répète, Princesse, tes chants :

Échevelée de mélodies muettes,
Amour blafard des vagabonds errant,
Étouffe-les, ces sanglots qui se lèvent !
Aux secrets amours, accorde une trêve !

Qui garde donc les taciturnes portes
Qu'ouvre la Nuit sur l'infini ? Emporte
L'heure qui ploie : avec le songe éteint
S'incline le pâle Destin...

Pour l'amour des poètes, alors
La porte ouverte de la mort
Sur l'infini ! Pour l'amour des poètes,
Princesse, mon rêve s'éteint
Dans les abîmes du Destin !

Dino Campana
(Traduction de Bernard Lorraine)

Adolescente

Su te, vergine adolescente,
sta come un'ombra sacra.
Nulla è più misterioso
e adorabile e proprio
della tua carne spogliata.
Ma ti recludi nell'attenta veste
e abiti lontano
con la tua grazia
dove non sai chi ti raggiungerà.
Certo non io. Se ti veggo passare
a tanta regale distanza,
con la chioma sciolta
e tutta la persona astata,
la vertigine mi si porta via.
Sei l'imporosa e liscia creatura
cui preme nel suo respiro
l'oscuro gaudio della carne che appena
sopporta la sua pienezza.
Nel sangue, che ha diffusioni
di fiamma sulla tra faccia,
il cosmo fa le sue risa
come nell'occhio nero della rondine.
La tua pupilla è bruciata
del sole che dentro vi sta.
La tua bocca è serrata.
Non sanno le mani tue bianche
il sudore umiliante dei contatti.
E penso come il tuo corpo
difficoltoso e vago
fa disperare l'amore
nel cuor dell'uomo!
...

Adolescente

Sur toi, vierge adolescente,
plane comme une ombre sacrée.
Rien n'est plus mystérieux,
adorable et personnel
que ta chair nue.
Mais tu t'isoles dans ta robe attentive
et tu demeures loin
avec ta grâce,
sans savoir qui t'y rejoindra.
Certes pas moi. Si je te vois passer
à si grande royale distance
avec tes cheveux flottants
et tout ton corps armé de lances,
le vertige me fait fuir.
Tu es la compacte et lisse créature
qu'oppresse dans son souffle
l'obscure félicité de la chair
qui peut à peine supporter sa plénitude.
Dans ton sang qui se propage
en flammes sur ton visage
le cosmos égrène ses rires
comme dans l'œil noir de l'hirondelle.
Ta pupille est brûlée
par le soleil qui vit en elle.
Tes lèvres sont serrées.
Tes mains blanches ne savent pas
l'humiliante sueur des contacts.
Et je pense à quel point ton corps
rétif et désirable
peut faire désespérer l'amour
dans le cœur de l'homme !
...

E tutto è così.
Tu anche non sai chi sei.
E prendere ti lascerai,
ma per vedere come il gioco è fatto,
per ridere un poco insieme.

Come fiamma si perde nella luce,
al tocco della realtà
i misteri che tu prometti
si disciolgono in nulla.
Inconsumata passerà
tanta gioia!
Tu di darai, tu ti perderai,
per il capriccio che non indovina
mai, col primo che ti piacerà.
Ama il tempo lo scherzo
che lo seconda,
non il cauto volere che indugia.
Così la fanciullezza
fa ruzzolare il mondo
e il saggio non è che un fanciullo
che si duole di essere cresciuto.

VINCENZO CARDARELLI

Et tout est ainsi :
toi non plus tu ne sais qui tu es.
Et tu te laisseras prendre
mais pour voir comme le jeu se joue,
pour rire un peu ensemble.

Comme flamme se perd dans la lumière,
au contact de la réalité,
les mystères que tu promets
se dissipent, disparaissent,
Tant de joie passera
sans avoir été consumée !
Tu te donneras, te perdras
pour le caprice qui ne devine
jamais, avec le premier qui te plaira.
Le temps aime ces jeux
qui le secondent,
non la prudente volonté qui tarde.
Ainsi l'enfance
fait dégringoler le monde
et le sage n'est qu'un enfant
qui a mal d'avoir grandi.

VINCENZO CARDARELLI
(Traduction d'Armand Monjo)

Tutto ho perduto

Tutto ho perduto dell'infanzia
E non potrò mai più
Smemorarmi in un grido.

L'infanzia ho sotterato
Nel fondo delle notti
E ora, spada invisibile,
Mi separa da tutto.

Di me rammento che esultavo amandoti,
Ed eccomi perduto
In infinito delle notti.
Disperazione che incessamente aumenta
La vita non mi è più,

Arrestata in fondo alla gola,
Che una roccia di gridi.

GIUSEPPE UNGARETTI

Chute de l'homme

J'ai tout perdu, hélas, de mon enfance
Et jamais plus je ne pourrai, fou de joie,
M'oublier dans un cri.

J'ai enterré mon enfance au fond des nuits,
Et noire épée, à présent, et cruelle à ma vie,
Elle me retranche de tout.

De moi qui exultais, de moi je me souviens qui
[t'aimais,
Et me voici livré à l'infini des nuits.

Désespoir sans cesse accru, la vie ne m'est plus,
Arrêtée au fond de ma gorge, que roc de cris.

GIUSEPPE UNGARETTI

Ce poème, inspiré par la mort du jeune fils du poète, a été écrit directement en français. Il reproduit à peu de chose près, le poème « J'ai tout perdu » *(Tutto ho perduto)* dont nous donnons le texte italien et qui a paru en 1937 dans *La Douleur*.

Le texte français figure dans *Vie d'un homme*, traduit par Jean Chuzeville (NRF, Gallimard, Paris, 1939).

Non recidere

Non recidere, forbice, quel volto,
solo nella memoria che si sfolla,
non far del grande suo viso in ascolto
la mia nebbia di sempre.

Un freddo cala... Duro il colpo svetta.
E l'acacia ferita da sé scrolla
il guscio di cicala
nella prima belletta di Novembre.

EUGENIO MONTALE

Ciseaux

Épargnez, ciseaux, ce visage
Seul rescapé du souvenir.
Que la face inquiète surnage
Au vague où je vois tout finir.

Froid !...La serpe s'abat, brutale.
L'acacia frappé tremble et perd
La carapace de cigale
Dans la fraîche bourbe d'hiver.

EUGENIO MONTALE
(Traduction de Robert Vivier)

In principio Dio creò

In principio Dio creò il cielo
e la terra, poi nel suo giorno
esatto mise i luminari in cielo
e al settimo giorno si riposò.

Dopo miliardi di anni l'uomo,
fatto a sua immagine e somiglianza,
senza mai riposare, con la sua
intelligenza laica,
senza timore, nel cielo sereno
d'una notte d'ottobre,
mise altri luminari uguali
a quelli che giravano
dalla creazione del mondo. Amen.

SALVATORE QUASIMODO

À la nouvelle lune

Au commencement Dieu créa le ciel
et la terre, puis dans sa journée parfaite
il plaça les lumières dans le ciel
puis au septième jour se reposa.

Des milliards d'années plus tard l'homme
fait à son image et ressemblance
sans prendre aucun repos,
avec son intelligence laïque,
sans crainte, dans le ciel serein
d'une nuit d'octobre,
plaça d'autres lumières égales
à celles qui tournaient
depuis la création du monde. Amen.

SALVATORE QUASIMODO
(Traduction d'Armand Monjo)

Poème paru dans l'*Unità*, 13 octobre 1957, après le
lancement du premier spoutnik.

Io abito il mio cervello

Io abito il mio cervello
comme un tranquillo possidente le sue terre.
Per tutto il giorno il mio lavore
è nel farle fruttare,
il mio frutto nel farle lavorare.
E prima di dormire
mi affaccio a guardarle
con il pudore dell' uomo
per la sua immagine.
Il mio cervello abita in me
comme un tranquillo possidente le sue terre.

VALERIO MAGRELLI

J'habite mon cerveau

J'habite mon cerveau
comme un propriétaire tranquille ses terres.
Toute la journée mon travail
est de les faire fructifier
et mon profit de les faire travailler.
Et avant de dormir
je me penche pour les regarder
avec la pudeur qu'a l'homme
pour son image.
Mon cerveau habite en moi
comme un propriétaire tranquille ses terres.

VALERIO MAGRELLI
(Traduction d'Armand Monjo)

Luxembourg

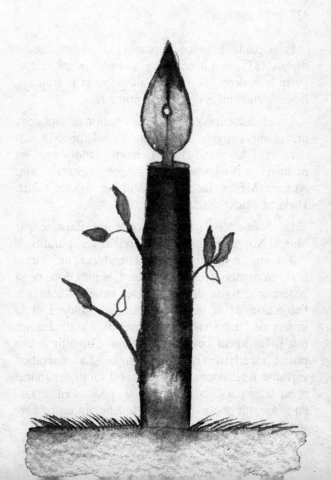

Luxembourg

Grand Duché de Luxembourg, Monarchie Constitutionnelle
2 586 km²
377 000 habitants.

Principauté bilingue depuis 1153, Grand-Duché
depuis 1815, le Luxembourg a délibérément choisi,
outre le dialecte, de parler l'allemand et le français,
langues enseignées dès l'école primaire.

Les précurseurs de la littérature nationale sont deux
professeurs émigrés : le Français Yves-Hippolyte Bar-
reau et l'Allemand Ernest Koch, tandis que les
premiers utilisateurs de la langue dialectale sont
Antoine Meyer, Jacques Diedenhove, Michel Lentz,
Dicks et Michel Rodange.

La poésie de langue française est illustrée par
Marcel Noppeney dont l'œuvre reflète les courants de
son temps ; il fut surtout un rassembleur, un animateur, un organisateur. Paul Palgen, le plus doué de sa
génération, traite de thèmes très variés : il dénonce
l'abjection de la guerre, chante la grandeur et la
misère de l'industrie, les charmes de Rio de Janeiro
(où il fut agent consulaire), avant d'aboutir à une
poésie méditative et philosophique. La génération
suivante rend hommage à Edmond Dune, unanime-
ment salué par la critique pour ses poèmes en vers ou
en prose, un poète solitaire, farouche, un esprit libre
indifférent aux coteries littéraires.

Il faut signaler aussi Marcel Gérard, Robert Schaack, Cécile Ries et Lily Unden, deux femmes sensibles aux valeurs humaines et chrétiennes qui se lièrent d'amitié à Ravensbrück. Et encore Henriette Theisen, Juliette de Muyser, Isabelle Oberweis, Jean Kieffer, physicien de profession, Pierre Roller, Suzon Hedo, comédienne de son état, José Ensch, Sylvie Bintz, Anne Berger, Christian Bourkel, Paul Lanners.

La poésie d'expression allemande fut et demeure très vivace. Son chef de file fut Nikolaus Welter, grand connaisseur de la culture française et historien des littératures. Puis vinrent le journaliste Frantz Clement, esprit lucide qui ne cessa dès 1933 de dénoncer les dangers du nazisme, le lyrique Nikolaus Hein et Paul Henkes qui fut fasciné par l'Italie et la Grèce. Enfin Anise Koltz, parfaitement bilingue, et qui publie aussi bien en français qu'en allemand.

À l'enfant

Dans le jardin du temps, la maison de l'Enfance
S'enguirlande de lierre ainsi qu'un tombeau mort.
Place devant le seuil, interdit au remords,
L'Archange dont le glaive est la sainte défense.

Puis de la maison douce où tout ton passé dort,
T'en allant vers la vie, enchanté d'espérance,
De peur de réveiller l'écho d'une souffrance,
Le cœur battant, sans bruit, ferme la porte d'or.

Et que souvent, plus tard, ta jeunesse contemple
Sur toi-même, inclinée et pensive, le temple
Où sont tes souvenirs en châsses de cristal,

Et pour garder entier ton autrefois unique
Mets au fond de ton cœur, ainsi qu'une relique,
La maison du passé dans le jardin natal.

MARCEL NOPPENEY

Le chœur des joies

Il y avait des jours d'été si beaux
dans les jardins saupoudrés d'or en feu,
que les serpents, se glissant de leur peau,
se chauffaient nus sur les grils du soleil.

Des nuits d'été, la lune était si blanche
qu'on lui voyait le nez, les yeux, le cou,
et tout autour, le ciel avait des trous
par où luisait la cuisine des anges.

Il y avait des bleus si merveilleux
sur les pâtis et les champs et les friches,
que l'on voyait sortir des bois les biches,
et s'arrêter, des lunes dans les yeux.

Il y avait des Pâques si fleuries
qu'on ne savait pas où poser le pied
pour n'écraser les œufs durs dans leurs nids,
pondus et peints par le coq du clocher.

Et des Noëls si blancs que les abeilles
avaient changé leurs ruches en igloos
et qu'on disait qu'autour rôdaient des loups
affriandés par le parfum du miel.

PAUL PALGEN

Village

On croit s'en approcher
Saisir dans son regard
Ses toits et ses vergers
Ses poules ses renards
Et le voilà qui prend le large.

Village dans le soir.

Une arche de Noé
Où le seul passager
Un écolier en sarrau noir
Agite dans le clocher
La flamme rouge d'un mouchoir.

EDMOND DUNE

L'autre saison

Neiges et cendres
et puis feuilles qui ont duré
châtaignes luisantes
violettes cachées.

Tu mérites la ville
mais tu préfères les libres saisons
les lunes lourdes et pleines
au-dessus de la mer

Ô la mer entrée dans les yeux
sa lumière toujours à droite
l'harmonie de sa forme posée

Le ciel, un œil vide à présent
mais si vulnérable
et tu es veuf de toutes les saisons

Pluies aux pattes repliées
sur la grande page de l'horizon
interminables gouttes...

Neiges et cendres
châtaignes luisantes

Dans ta bouche le goût d'une dernière feuille de
[laurier.

JOSÉ ENSCH

Kirschenballade

Ein Kirschenbaum und ein Sommertraum!
Mein Herz, was willst du nicht schweigen?
Ein purpurner Schimmer umschleiert den Baum,
Ein Mädchen sitzt in den Zweigen.
Die Sonne so jung und der Sommer so heiss,
Die Kirschen so rot und das Mädchen so weiss,
Süss alle beide.
Ein Knabe denkt es mit Leide.

Des Knabe steht und entscheidet sich nicht,
Mein Herz, was willst du nicht schweigen?
Da fliegt ihm ein Kirschlein ins Gesicht,
Ein Mädchen lacht in den Zweigen.
Er blickt hinauf, sie blickt herab,
Er nickt hinauf, sie nickt herab,
Süss alle beide.
Du steigt er zur Kirschenweide.

Du Wunder des Sommers, o Kirschenbaum,
Mein Herz, was willst du nicht schweigen?
Du füllst mit purpurnem Schimmer den Raum,
Du hüllst das Paar in den Zweigen.
Da wird mit flinken Armen gehascht,
Da werden zwei rote Kirschen genascht,
Süss alle beide.
Da scheiden zwei Herzen vom Leide.

NIKOLAUS WELTER

Ballade des cerises

Un cerisier, c'est un songe d'été !
— Mon cœur, ne veux-tu pas te taire ? —
D'un halo pourpré tout l'arbre est teinté.
Dans l'arbre, il y a une écolière.
L'été est si chaud, si neuf le soleil,
Pâle est la fillette et les fruits vermeils !
Fille et récolte, exquises !
Triste, un garçon pense aux cerises.

Le dadais hésite, il se sent gêné.
— Mon cœur, ne veux-tu pas te taire ? —
Une cerisette effleure son nez.
Dans l'arbre rit une écolière.
Coup d'œil vers le haut, coup d'œil vers le bas,
Un salut s'envole, un autre s'abat.
Deux têtes exquises !
Le gars monte vers les cerises.

Ô cerisier, miracle de l'été !
— Mon cœur, ne veux-tu pas te taire ? —
Tu as rempli l'espace illimité
Et tu tiens tes proies prisonnières.
On joue, là-haut, et des bras et des mains,
On croque à deux deux cerises carmin,
Toutes deux exquises !
Adieu, chagrins ! Deux cœurs se grisent !

Nikolaus Welter
(Traduction d'Anne Lise Diez
et Bernard Lorraine)

Wo ist mein Land

Wo ist mein Land
ich habe kein Erbteil

im Herbst
zieh ich den Wald
hinter mir her
wie eine Elefantenherde
ohne Stosszähne —
ich besitze nur
einen schwarzen Hut
und eine Peitsche

*

Die Sonne

Die Sonne ist ein uraltes Haustier
sie schleppt ihre steifen Gelenke
morgens über den Hof
und erklettert mühsam die Akazie

dort sitzt sie stundenlang
und wärmt sich
am Gefieder der Vögel

ANISE KOLTZ

Où donc est mon pays...

Où donc est mon pays
je n'ai pas d'héritage

en automne
je traîne la forêt
derrière moi
comme un troupeau d'éléphants
sans défenses —
je ne possède qu'un chapeau noir
et un fouet

*

Le soleil

Le soleil est un vieil animal domestique
le matin il traîne ses membres engourdis
à travers la cour
et grimpe péniblement dans l'acacia

il y est assis pendant des heures
et se chauffe
au plumage des oiseaux

ANISE KOLTZ
(Traduction d'Andrée Sodenkamp)

Pays-Bas

Pays-Bas

Koninkrijk der Nederlanden, Royaume
33 812 km²
14 846 000 habitants.

Le néerlandais moderne, fixé depuis le xvie siècle,
langue germanique renfermant quelques éléments
saxons et frisons, est la langue de l'espace géographique correspondant à peu près à l'actuelle Hollande.
Les vicissitudes de l'histoire expliquent l'actuelle
distinction linguistique entre le flamand (parlé en
Belgique) et le hollandais, ou plus exactement le
néerlandais. Les anciens Hollandais ont eu leurs
chants épiques, leur poésie d'amour, puis au xive
siècle leur littérature narrative et chevaleresque qui
dénonce déjà la décadence de la noblesse relayée par
la riche bourgeoisie marchande, le premier poète
important se nommant Willem Van Hildegaersberch.
Le xve siècle privilégie l'art du bien dire, la virtuosité
technique, les joutes intellectuelles, au détriment
d'une authentique inspiration. Deux grands rhétori-
queurs brillent par leurs acrobaties langagières : Jan
van Styevoort et Jan Van Doesborch.

La Réforme, au xvie siècle, inspire les *Chants des
Gueux*, populaires et violemment satiriques, tandis
que la Renaissance en ses débuts est marquée par deux
poètes créateurs et fondateurs du néerlandais
moderne : Dirk Volkertszoon Coornhert et Jan Van
Hout.

Dès 1600, les Pays-Bas ayant acquis le droit à une existence nationale avec déjà une tradition littéraire, le génie de la nation s'exprime sous la plume du poète populaire Jacob Cats et sous celle, plus savante, imprégnée de l'esprit italien, de Pieter Corneliszoon Hooft qui donne à ses sonnets une perfection inégalée. Sous celle enfin du classique Constantijn Huygens. D'autres préfèrent le poème baroque, les hymnes civiques : c'est le cas de Joost Van den Vondel, avant que la littérature française ne devienne vers la fin du siècle un modèle à imiter.

Le XVIIIe siècle voit l'éclosion de multiples sociétés poétiques paralysées par les théoriciens et les puristes qui ne savent que prôner le respect aveugle et tatillon des règles formelles.

Vient le Romantisme qui, curieusement, se caractérise par une aspiration au salut éternel et par une haine déclarée contre l'esprit du temps. Les poèmes de Wilhelm Bilderdijk et de Da Costa traduisent un individualisme forcené et prophétique, un rejet des principes de la Révolution française, une condamnation de Byron, de Shelley, de Hugo. Potgieter fustige la médiocrité bourgeoise et rêve d'un grand destin historique pour sa patrie.

En 1892, Paul Verlaine en visite reçoit un accueil chaleureux de jeunes poètes qui, comme lui, recherchent la musique du Verbe : Willem Kloos et Pieter Cornelis Boutens. Au début du XXe siècle, paraissent les poèmes de facture classique de Henriette Roland Holst, orientés vers les questions sociales, et ceux de Herman Gorter dont la sensibilité traduit une foi en un avenir meilleur et en une humanité réconciliée sous l'égide d'un socialisme humanitaire à visage fraternel. Martinus Nijhoff s'engage sur la même voie avec des poèmes de facture résolument moderne. L'esprit et la sensibilité romantiques ne cédant pas leurs droits, nous trouvons encore les élégiaques Adrien Roland Holst, J.C. Bloem et le pessimiste angoissé Jan Jacob Slauerhof.

Pour la production d'après la Seconde Guerre mondiale, il faut enfin citer les œuvres de Gerrit Achterberg, influencées par le surréalisme, celles de Van der Graft qui parvient à greffer un spiritualisme chrétien à sa poésie intimiste et, en dernier lieu, Bertus Aafjes, grand voyageur fasciné par la multiple splendeur du monde moderne.

Laat de luiken geloken zijn

Laat de luiken geloken zijn
wiege wiegele weine
en de stilte onverbroken zijn
wiege wiegele wee.

Wen het kindje gedogen wil
moe en tevreeën,
dat de blinkende oogen stil
toe zijn gegleeën,

dan zal komen de droomenvrouw
zacht over den grond
zij de vrome, die schromen zou
zoo zij wakenden vond.

En zij zal in den langen nacht
aan het hoofd zich vlijen
met der droomen wufte vlinderpracht
het kindje verblijen.

Het verhaal zal zij weer beginnen
het angstig mooie
en zij zal zich duizend keer bezinnen
en het niet voltooien.

Laat de luiken geloken zijn
wiege wiegele weine
en de stilte onverbroken zijn
wiege wiegele wee.

J.H. LEOPOLD

Laissez les persiennes closes

Laissez les persiennes closes
— berce, berce, berçons —
en silence toutes choses
berçons l'enfançon.

Car c'est l'heure où il repose,
fatigué, content,
quand ses yeux brillants se sont
fermés doucement.

Viendra la dame des songes
sur le sol glissant,
la très sage qui dérange
les petits veillant.

Dans la nuit longue, sans trève,
viendra caresser le front
de l'enfant, avec ses rêves,
légers papillons.

Recommencera l'histoire,
le beau, l'angoissant
récit remis en mémoire,
laissé en suspens.

Laissez les persiennes closes
— berce, berce, berçons —
en silence toutes choses
berçons l'enfançon.

J.H. LEOPOLD
(Traduction de Liliane Wouters)

Eenzame nacht

Uw ogen waren er niet,
Uw stem vas zo ver, zo ver,
Het was een avond zonder lied,
Nacht zonder ster.

De stilte was zo diep, zo groot,
Boven en onder en overal,
Dat iedre windeval
Moest brengen dood.

Mijn ziel was als een bloem naar u
Grootopen,
Weerloos als doodschaduw
Ze had beslopen...

Hoe heb ik wreed verstaan
In één stil even
De pijn van te vergaan
Uit dit schoon leven.

PIETER CORNELIS BOUTENS

Nuit solitaire

Tes yeux étaient absents,
Si loin, si loin, était ta voix.
C'était un soir sans aucun chant,
Une nuit sans étoiles.

Le silence était si profond, si grand,
Par-dessus, par-dessous, dehors,
Que la moindre chute de vent
Eût amené la mort.

Mon âme était comme une fleur
Grande ouverte vers toi,
Faible comme si l'ombre de la mort
L'avait surprise là.

Ah ! comme j'ai compris
En cet instant tranquille
L'infortune d'être éconduit
De cette belle vie !

PIETER CORNELIS BOUTENS
(Traduction de Maurice Carême)

Liberate nos, Domine

De wind woei om het eenzaam huis
In't laatste avonduur;
Toen lichtte een vreemde de klink der deur
En zat bij 'topen vuur.

Ik dierf niet vragen wie hij was
En hij gaf teeken noch taal;
En ik noodde hem niet, maar hij zat aan
Naast mij aan't avondmaal.

Mijn lippen trilden en in mijn hart
Laayde hittige haat;
Maar hij glimlachte en hief tot mij
Zijn bitterschoon gelaat.

En 'k sprak en zei: Ik ken u niet!
Wat, aan mijn haard, zoekt gij?
Doch hij antwoordde niet, maar hief zijn hand
En brak het brood met mij.

En ik herkende...; 's morgens vroeg
Is hij weer heengegaan...
Maar't laatste van dit bitter lied
Zal God alléén verstaan.

GEERTEN GOSSAERT

Liberate nos, Domine

Dans la lumière mourante du soir,
Le vent heurtait sans fin la maison solitaire.
Un étranger alors éclaira le heurtoir
De la porte et s'assit devant le feu ouvert.

Lui demander son nom? Je n'osai pas.
Et il ne bougeait pas, ne parlait pas.
Je ne l'invitai pas, pourtant, il s'installa
Pour le repas du soir, à table, près de moi.

Mes lèvres frémissaient et mon cœur aussitôt
Déborda de haine et d'effroi.
Mais il sourit et il leva vers moi
Son visage amèrement beau.

Et je lui dis : Je ne vous connais point.
Qui cherchez-vous donc sous mon toit?
Il ne répondit pas, mais il tendit la main
Pour rompre le pain avec moi.

Et je le reconnus... dès l'aube, par les champs,
Il est reparti sans attendre.
Mais ce que dit au fond ce chant
Amer, seul Dieu peut le comprendre.

GEERTEN GOSSAERT
(Traduction de Maurice Carême)

Herinnering aan Holland

Denkend aan Holland
zie ik brede rivieren
traag door oneindig
laagland gaan,
rijen ondenkbaar
ijle populieren
als hoge pluimen
aan den einder staan;
en in de geweldige
ruimte verzonken
de boerderijen
verspreid door het land,
boomgroepen, dorpen,
geknotte torens,
kerken en olmen
in een groots verband.
de lucht hangt er laag
en de zon wordt er langzaam
in grijze veelkleurige
dampen gesmoord,
en in alle gewesten
wordt de stem van het water
met zijn eeuwige rampen
gevreesd en gehoord.

HENDRIK MARSMAN

Souvenir de Hollande

Pensant à la Hollande,
je vois à l'infini
couler, larges et lentes,
les eaux d'un plat pays ;
et posés, côte à côte,
les peupliers en rangs
avec leurs plumes hautes
sur l'horizon si grand ;
et les fermes éparses
à travers champs, qui font
naufrage dans l'espace
tant il paraît profond ;
des ormes, des villages,
des tours au front nié,
des clochers, des bocages
grandiosement liés.
Très basses les nuées,
lent le soleil dessous
dans la grise buée
de couleurs se dissout ;
et de partout montée
s'entend la voix de l'eau,
l'annonce redoutée
des éternels fléaux.

HENDRIK MARSMAN
(Traduction de Liliane Wouters)

Verzet begint niet met grote woorden

Verzet begint niet met grote woorden
maar met kleine daden

zoals storm met zacht geritsel in de tuin
of de kat die de kolder in z'n kop krijgt

zoals brede rivieren
met een kleine bron
verscholen in het woud

zoals een vuurzee
met dezelfde lucifer
die de sigaret aansteekt

zoals liefde met een blik
een aanraking iets dat je opvalt in een stem

jezelf een vraag stellen
daarmee begin verzet

en dan die vraag aan een ander stellen

Remco Campert

La révolution ne commence pas
avec de grands mots.

La révolution ne commence pas avec de grands mots
mais avec de petites choses

comme au jardin par un doux friselis la tempête
comme le chat quand il perd la tête

comme les larges rivières
par la source petite
cachée dans le bois

comme sur la mer l'incendie
par la même allumette enflammé
qu'une cigarette

comme l'amour par un regard
un frôlement un son de voix qui vous atteint

vous poser à vous-même une question
ainsi commence la révolution

et puis poser cette question à quelqu'un d'autre

REMCO CAMPERT
(Traduction de Liliane Wouters)

Vader en zoon in hevige regen

Je zoon op je schouders.
Boven hem je paraplu
een lopend torentje
in regen van nu.
Zelf wees geweest
en wees gebleven
zit je daar zelf
op schouders
van ouders, zelf
in de vorm
van een zoontje,
en boven de hoofden
een ronde en kleine
maar troostende droogte.

JUDITH HERZBERG

Père et fils sous la pluie battante

Ton fils sur tes épaules
ton parapluie dessus
ambulant petit dôme
dans l'averse tenu.
Toi qui fus orphelin
et restes orphelin
tu te trouves toi-même
perché sur des parents
toi-même sous la forme
de ton fils, au-dessus
des têtes, sous le cercle
petit, sec, rassurant.

JUDITH HERZBERG
(Traduction de Liliane Wouters)

Portugal

Portugal

Republica Portuguesa, République
91 971 km²
9 450 000 habitants.

« *Au Portugal, la Poésie est chose si naturelle que tous les bergers sont poètes et toutes les servantes poétesses*», écrivait au XVIIIe siècle le bénédictin espagnol Sarmiento. Aussi est-il surprenant qu'un seul nom, celui de Luis de Camoëns, représente aux yeux des Européens la totalité et la quintessence de la poésie du Portugal, alors que la belle anthologie *Tesouros da Poesia Portuguesa* de Antônio Manuel Couto Viana n'en compte pas moins de 141. Lyrique avant tout, en accord avec le tempérament national, la poésie est née au XIIIe siècle sous forme de chansons d'amour, les « *cantigas de amigo* » qui distillent déjà la fameuse *saudade* faite d'une irrépressible nostalgie, d'un vague à l'âme diffus, d'une tenace mélancolie. Et l'exemple vient de haut, puisque le roi même, Denis de Portugal, consacre ses loisirs à la poésie.

Avec Gil Vicente et Camoëns, deux génies éclectiques à la production d'une extrême variété, apparus à la fin du XVe siècle, s'annonce l'âge d'or d'une poésie portugaise qui, après une longue éclipse (médiocrité de l'invention, refus de renouvellement durant les XVIIe et XVIIIe siècles, comme presque partout en Europe) va retrouver dès le début du XIXe siècle des maîtres authentiques en Tomas Antonio Gonzaga, Bocage, Almeida Garrett (le fondateur du Romantisme), Antero de Quental, le plus douloureux, le plus spiritualiste, le plus tragique aussi des poètes de sa génération, que le désespoir pousse au suicide dans son île des Açores ; João de Deus enfin, le plus grand poète de l'amour qu'ait connu le Portugal.

Au XXe siècle, la poésie reprend tous ses droits sur les autres genres littéraires et reconquiert ses lettres de noblesse avec une pléiade dominée par les figures de Camilo Pessanha qui meurt opiomane à Macau, de Teixeira de Pascoaes, de Mario de Sa Carneiro qui met fin à ses jours à Paris où il avait choisi de vivre. Et plus encore avec l'étonnant Fernando Pessoa dont l'œuvre intégrale ne sera publiée qu'après sa mort avant d'être traduite en une vingtaine de langues et lui assurer une consécration unanime. Enfin, s'il ne faut citer qu'un seul contemporain, ce sera Miguel Torga, en raison de sa notoriété, de l'importance et de la qualité rare de son œuvre.

Il s'agit donc, au Portugal, d'une poésie lyrique essentiellement. Complémentaire de la poésie espagnole pour des raisons historiques, géographiques et linguistiques, la langue de ceux que l'on appelait jadis les Lusitaniens étant très voisine de celle de leurs voisins les Espagnols, voisine par son lexique à défaut de l'être par sa phonétique et parfois sa grammaire. Poésie sans continuité pourtant, et dominée par quelques génies aussi ombrageux que solitaires, à l'image d'un pays défavorisé par sa position géographique extrême et son exiguïté territoriale.

Amor é fogo...

Amor é fogo que arde sem se ver;
É ferida que dói e não se sente;
É um contentamento descontente;
É dor que desatina sem doer;

É um não querer mais que bem querer;
É solitário andar por entre a gente;
É nunca contenar-se de contente;
É cuidar que se ganha em se perder;

É querer estar preso por vontade;
É servir a quem vence, o vencedor;
É ter com quem nos mata lealdade.

Mas como causar pode seu favor
Nos corações humanos amizade,
Se tão contrário a si é o mesmo Amor?

LUÍS DE CAMÕES

L'Amour

Amour est feu qui brûle et ne se laisse voir ;
Blessure qui fait mal sans pourtant qu'on la sente ;
Une satisfaction qui toujours mécontente ;
Douleur qui sans blesser en démence fait choir ;

C'est refus de vouloir bien plus que bon vouloir ;
C'est marcher seul parmi la foule omniprésente ;
N'être jamais content de tout ce qui contente ;
C'est s'estimer gagnant en perdant son avoir ;

C'est vouloir de plein gré vivre en captivité ;
C'est se rendre au vaincu alors qu'on est vainqueur ;
C'est servir qui vous tue, en toute loyauté.

Car, comment serait-il favorable à nos cœurs
Humains, l'Amour, s'il est, de toute éternité,
À lui-même son plus cruel contraditeur ?

LUÍS DE CAMÕES
(Traduction de Bernard Lorraine)

Barca bela

Pescador da barca bela,
¿ Onde vais pescar com ela,
Que é tão bela,
O pescador?

¿ Não vês que a última estrela
No céu nublado se vela?
Colhe a vela,
Ó pescador!

Deita o lanço com cautela,
Que a sereia canta bela...
Mas cautela,
Ó pescador!

Não se enrede a rede nela,
Que perdido é remo e vela
Só de vê-la,
Ó pescador.

Pescador da barca bela,
Inda é tempo, foge de ela,
Foge de ela,
Ó pescador!

ALMEIDA GARRETT

Barca bela

Pêcheur à la barque si belle,
Où vas-tu pêcher avec elle
    Qui est si belle,
    Pêcheur, pêcheur?

Regarde, la dernière étoile
Dans le ciel nuageux se voile.
    Ferle la voile,
    Pêcheur, pêcheur!

Jette un filet avec cautèle:
La sirène qui chante est belle.
    Plus de cautèle,
    Pêcheur, pêcheur!

Ne l'emmêle pas dans les mailles,
Tu perdrais la rame et la voile.
    Qui la voit meurt!
    Pêcheur, pêcheur.

Pêcheur à la barque si belle,
Fuis, il en est temps, fuis loin d'elle,
    Ah, fuis loin d'elle,
    Pêcheur, pêcheur!

ALMEIDA GARRETT
(Traduction de Bernard Lorraine)

Os castellos

A Europa jaz, posta nos cotovellos:
De Oriente a Occidente jaz, fitando,
E toldam-lhe romanticos cabellos
Olhos gregos, lembrando.

O cotovello esquerdo é recuado;
O direito é em angulo disposto.
Aquelle diz Italia onde é pousado;
Este diz Inglaterra onde, afastado,
A mão sustenta, em que se apoia o rosto.

Fita, com olhar sphyngico e fatal,
O Occidente, futuro do passado.

O rosto com que fita é Portugal.

Fernando Pessoa

Les châteaux

L'Europe est là, sur les coudes couchée,
Le regard fixe, à l'ouest venant finir ;
Et romantique, à crinière épanchée
Sur ses yeux grecs ; toute à ses souvenirs.

Le coude gauche : incliné vers l'arrière.
Le coude droit en équerre est plié.
Le premier dit : Italie, notre mère !
Le second dit, à l'écart : Angleterre !
Et sur sa main le visage appuyé

Dont le regard de sphynx fixe, fatal,
L'Occident, futur du passé. Altière,

La face qui fixe est le Portugal.

FERNANDO PESSOA
(Traduction de Bernard Lorraine)

Quase

Um pouco mais de sol — eu era brasa.
Um pouco mais de azul — eu era além.
Para atingir, faltou-me um golpe de asa...
Se ao menos eu permanecesse aquém...

Assombro ou paz? Em vão...Tudo esvaído
Num baixo mar enganador d'espuma;
E o grande sonho despertado em bruma,
O grande sonho — ó dor! — quase vivido...

De tudo houve um começo... e tudo errou...
— Ai a dor: de ser-quase, dor sem fim... —
Eu falhei-me entre os mais, falhei em mim,
Asa que se elançou mas não voou...

Momentos de alma que desbaratei...
Templos aonde nunca pus um altar...
Rios que perdi sem os levar ao mar...
Ânsias que foram mas que não fixei...

Num ímpeto difuso de quebranto,
Tudo encetei e nada possuí...
Hoje, de mim, só resta o desencanto
Das coisas que beijei mas não vivi...

MÁRIO DE SÁ CARNEIRO

Presque

Un peu plus de soleil, j'étais braise, étincelle.
Un peu plus de ciel bleu et j'étais au-delà.
Pour y atteindre, il s'en est fallu d'un coup d'aile.
Ah! si du moins j'en étais resté là!

Terreur ou paix? En vain...Tout s'est évanoui
Dans le reflux trompeur de la mer en écume;
Ô douleur! le grand rêve éveillé dans la brume,
Presque vécu, le grand rêve ébloui!

Tout connut un commencement...Tout a raté...
Ah, la douleur d'être-presque, douleur extrême.
Égaré parmi les autres, comme en moi-même,
Aile éployée, pour ne pas m'emporter!

Moments d'âme que j'ai gaspillés, dispersés,
Temples dont nul autel n'a reçu ma prière,
Fleuves que j'ai perdus sans les conduire en mer,
Violents désirs que je n'ai pas fixés.

En proie à de vagues crises d'abattement,
Je n'ai rien possédé en voulant tout poursuivre.
Seul me reste aujourd'hui le désenchantement
Pour ce que j'ai embrassé, sans le vivre.

Mário de Sá Carneiro
(Traduction de Bernard Lorraine)

Majestade

Passa um rei — é o Poeta.
Não pela força de mandar,
Mas pela graça mágica e secreta
De imaginar.

O ceptro, a pena — a lançadeira cega
Do seu tear de versos.
O manto, a pele — arminho onde se pega
A lama dos caminhos mais diversos.

Um grande soberano
No seu triste destino
De ser um monstro humano
Por direito divino.

MIGUEL TORGA

Majesté

Passe un roi, et c'est le Poète.
Non par son pouvoir d'ordonner,
Mais par sa grâce, et magique, et secrète,
D'imaginer.

Son sceptre : la plume, aveugle navette
Du métier à tisser les vers.
Son manteau, c'est la peau, pure hermine que fouette
La fange des chemins divers.

Un grand souverain
Au triste destin :
Un monstre humain
De droit divin.

MIGUEL TORGA
(Traduction de
Bernard Lorraine)

Poètes d'Europe

ALBERTI Rafael (Espagne, 1902)

Peintre, dramaturge et poète aux multiples facettes et à l'imagination puissante qui se renouvelle d'un recueil à l'autre (populaire, surréaliste, politique), il a incarné toutes les tendances de la modernité et a mis son œuvre au service du pacifisme et de la rébellion contre toutes les tyrannies.
Marin à terre, 1925 ; *L'Aube de la giroflée*, 1927 ; *Chaux et pierre*, 1929.
212, 213 *.

ALMEIDA GARRETT João Baptista de (Portugal, 1799-1854)

Il a été l'initiateur du Romantisme dans son pays et le défenseur des idées libérales, ce qui lui valut l'exil et la prison. Ses poèmes, fluides et musicaux, sont un des sommets de la poésie portugaise.
Feuilles tombées, 1853.
352, 353.

ANDERSEN Hans Christian (Danemark, 1805-1875)

Auteur de récits de voyages, de pièces de théâtre, de romans, de poèmes, ce sont cependant ses *Contes* inspirés de récits populaires ou légendaires qui lui valurent la célébrité mondiale.
Fantaisies et esquisses, poèmes, 1831.
172, 173.

APOLLINAIRE Guillaume (France, 1880-1918)

Il est le premier en date et en importance des poètes du début du XXe siècle, par ses curiosités, sa personnalité, ses inventions, par la variété de son lyrisme élégiaque marqué au sceau de la modernité.
Alcools, 1913.
18.

ARAGON Louis (France, 1897-1982)

Magicien du verbe, il est l'un des grands lyriques de notre siècle et le poète de l'amour. Son œuvre poétique considérable et riche en diversité a souvent inspiré les artistes qui aiment chanter la poésie.
Le Crève-cœur, 1941 ; *Les Yeux et la mémoire*, 1954 ; *Le Fou d'Elsa*, 1963.
240.

---

* Les chiffres en gras renvoient aux pages où sont cités les poèmes et leur traduction s'il y a lieu.

ARISTOPHANE (Grèce, 450-386 avant notre ère)

Fondateur de la comédie, ennemi de la dictature, il a célébré des valeurs sûres : la sagesse, la nature, la paix, avec une verve éblouissante.
Les Nuées ; La Paix ; Les Oiseaux.
252, 253.

BAUDELAIRE Charles (France, 1821-1867)

Un caractère difficile, une vie douloureuse, un sentiment de persécution, la condamnation de certains poèmes de son recueil *Les Fleurs du mal* (1857) pour outrage aux bonnes mœurs ont fait de Baudelaire le type même du poète maudit. Il fut le premier en date des poètes de la ville et de la modernité.
233.

BÉCQUER Gustavo Adolfo (Espagne, 1836-1870)

Méconnu à une époque où l'emphase et la grandiloquence étaient en vogue, il exerça une influence décisive sur les poètes de la génération suivante. Délicat poète de l'amour et du rêve, musicien de la langue, il fit de la mort son thème de prédilection.
Rimes, 1860 ; *Légendes espagnoles*, 1871.
196, 197.

BELLAY Joachim du (France, 1522-1560)

De santé fragile, il renonça à la carrière militaire pour se consacrer à la poésie. Un séjour à Rome ne lui apporta que des désillusions. Il fut le premier à maîtriser l'alexandrin, et son œuvre d'une savante simplicité et d'une entière sincérité annonce avec trois siècles d'avance le lyrisme élégiaque des Romantiques.
Les Regrets, 1558 ; *Divers jeux rustiques*, 1558.
224.

BENN Gottfried (Allemagne, 1886-1956)

Ses premiers recueils décrivent avec une grande violence expressionniste le monde décadent de la civilisation. Ses derniers, dépassant le pessimisme nihiliste, s'orientent vers une recherche formelle.
Morgue, 1912 ; *Poèmes statiques*, 1948.
78, 79.

BJØRNVIG Thorkild (Danemark, 1918)

Poète et philosophe, il s'exprime par des symboles : l'acceptation réfléchie du destin individuel et de la communauté des hommes permet, selon lui, de surmonter la douleur et la solitude.
Jalousie, 1955.
182, 183.

BLAKE William (Angleterre, 1757-1827)

Autodidacte, graveur sur bois, esprit indépendant qui applaudit la Révolution française, il dénonça la tyrannie de la raison et, libérant pleinement son imagination, fit appel aux ressources inexplorées de la connaissance intuitive.
Chants de l'innocence; Chants de l'expérience, 1789.
94, 95.

BODART Roger (Belgique, 1910-1973)

Grand voyageur, haut fonctionnaire, Roger Bodart est l'auteur de nombreux recueils empreints d'un romantisme très moderne et d'une curiosité humaniste universelle.
Les Mains tendues, 1930; *Office des ténèbres*, 1936; *Le Nègre de Chicago*, 1957.
146.

BOLAND Eavan (Irlande, 1945)

Eavan Boland est l'une des plus talentueuses poétesses contemporaines dont l'œuvre intimiste est la preuve que l'art du verbe et la sensibilité typiquement irlandaise survivent encore après Yeats.
Nouveau territoire, 1968.
278, 279.

BOUTENS Pieter Cornelis (Hollande, 1870-1943)

Professeur de littérature, traducteur des poètes grecs, français, allemands et anglais, il fut un lyrique nourri de religion et épris de beauté.
Carmina; Chansons oubliées; Nuages d'été, 1922.
336, 337.

BRENTANO Clemens (Allemagne, 1778-1842)

Conteur et poète, il fut à Heidelberg un représentant du cénacle romantique et remit en honneur le goût de l'authentique folklore de sa langue.
Poésie, 1852.
60, 61.

BRONTË Emily Jane (Angleterre, 1818-1848)

La romancière des *Hauts de Hurlevent* fut aussi une poétesse exaltée et passionnée dont l'œuvre poétique ne parut intégralement qu'en 1941.
Poèmes, 1836-1846.
116, 117.

BUONARROTI Michelangelo (Italie, 1475-1564)

Artiste aussi complet que le Vinci, Michel-Ange dédia à la poétesse Vittoria Colonna, dont il était platoniquement épris, de très beaux sonnets. Il laisse 250 poésies, tantôt ardentes, tantôt ironiques, qu'il renonça à publier de son vivant.
Rimes, 1623.
296, 297.

BURNS Robert (Angleterre, 1759-1796)

Paysan autodidacte, poète indépendant, chansonnier très populaire en Écosse, il écrivait des poèmes d'une grande fraîcheur d'âme et faussement naïfs, dans un anglais mêlé de dialecte.
Poèmes, 1786.
98, 99.

BYRON George Gordon, Lord (Angleterre, 1788-1824)

Dandy fortuné, animé d'un culte absolu du moi, hanté par le sentiment de la solitude, esprit sarcastique aigu, doué d'un sens exacerbé de l'autocritique, il fut le poète le plus admiré de ses contemporains de l'Europe entière et mourut en Grèce dans la guerre de libération de la nation grecque contre la domination turque.
Le Chevalier Harold, 1818 ; *Don Juan*, 1824.
110, 111.

CADOU René Guy (France, 1920-1951)

Disparu prématurément, René Guy Cadou s'est affirmé comme l'un des plus sensibles poètes de sa génération et l'importance de son œuvre n'a cessé d'être reconnue au fil du temps.
Morte saison, 1941 ; *Hélène ou le Règne végétal*, 1952
246.

CAMÕES ou CAMOËNS Luis de (Portugal, 1524?-1580)

Il connut une vie aventureuse et difficile en Afrique, aux Indes et en Extrême-Orient à l'époque de l'expansion portugaise. Son épopée *Les Lusiades* (1572) raconte les découvertes de Vasco de Gama et ses sonnets amoureux italianisants sont remarquables.
Sonnets, 1570.
350, 351.

CAMPANA Dino (Italie, 1885-1932)

La vie aventureuse et désordonnée de l'auteur rappelle celle de Rimbaud. Sa poésie reflète une atmosphère de visions hallucinées, de sensations et de souvenirs étranges.
Chants orphiques, 1914.
302, 303.

CAMPERT Remco (Pays-Bas, 1929)

C'est un poète des plus marquants de la génération des vivants, à la facture expressionniste très moderne.
Betere lÿden, 1971.
342, 343.

CARDARELLI Vicenzo (Italie, 1887-1959)

En réaction aux excès du futurisme, il ressentit le besoin de reconduire la poésie titalienne sur un chemin d'ordre, de discipline intérieure, de sensibilité authentique. C'est dans le fonds spécifiquement national qu'il trouva ses thèmes, traités sous forme de vers libres.
Voyages dans le temps, 1920 ; *Terra genitrix*, 1924.
304, 305.

CARÊME Maurice (Belgique, 1899-1978)

Son œuvre multiple et d'une grande diversité a su séduire les enfants mais a trop souvent voilé un autre Carême, un poète dont on ne mesure que superficiellement l'œuvre grave et inquiète qui touche aux dimensions essentielles de l'homme et de sa destinée.
Au clair de la lune, 1977 ; *Dans la main de Dieu*, 1979 ; *Défier le destin*, 1987.
144.

CAVAFY ou CAVAFIS Constantin (Grèce, 1863-1933)

L'influence de son œuvre (demeurée longtemps ignorée) sera prépondérante sur les générations suivantes par la nouveauté qu'elle apportait : antilyrisme, versification libre, ironie caustique, rejet du ton pompeux, dénonciation de l'hypocrisie et des corruptions.
Poèmes, 1935.
254, 255.

CHAMISSO Adalbert von (Allemagne, 1781-1838)

Ses poèmes, mis en musique par Schumann, mêlent souvent le fantastique au réel et sont empreints du sentiment de l'exil.
Poésie, 1831.
62, 63.

CHAVÉE Achille (Belgique, 1906-1969)

Membre influent du groupe surréaliste de Belgique, il sait fondre les images insolites ou cocasses dans une organisation logique toujours teintée d'une réflexion sérieuse.
La Question de confiance, 1940 ; *Catalogue du seul*, 1956.
142.

CLAUSSEN Sophus (Danemark, 1865-1931)

Tout en respectant les traditions du Romantisme, il se rallia aux nouvelles tendances des grands pays européens et fit prendre un essor nouveau au lyrisme danois. Son poème le plus célèbre est *Imperia*, personnification de la Nature ennemie de l'homme mais force créatrice de poésie, de vie, d'art.
Imperia, 1909.
178, 179.

COLERIDGE Samuel Taylor (Angleterre, 1772-1834)

Frère spirituel de Wordsworth, d'un tempérament aussi solitaire que ce dernier, il avait rêvé d'aller fonder en Amérique une communauté de sages partageant les mêmes goûts pour la nature sauvage. La publication de ses *Lyrical Ballads* (en collaboration avec Wordsworth) marque l'acte de naissance du romantisme anglais. Coleridge fut l'un des premiers à exploiter les richesses inexplorées des rêves nocturnes qui, chez lui, tournent souvent au cauchemar macabre.
Ballades lyriques, 1798.
   108, 109.

DANTE Alighieri (Italie, 1265-1321)

L'illustre Toscan fut le plus grand poète européen du Moyen Age, un phénomène à l'art aussi varié, aussi fécond, aussi chatoyant que celui de Shakespeare.
Vita Nova, 1293.
   290, 291.

DE LA MARE Walter (Angleterre, 1873-1956)

Poète et romancier à la puissance évocatrice peu commune, amateur de féeries, il a écrit pour la jeunesse comme pour les adultes, indifférent aux modes et aux écoles littéraires. Ses poèmes reflètent un monde de rêves, dans une langue parfaitement maîtrisée et d'une grande fraîcheur.
Le Voyageur, 1946 ; *O chère Angleterre*, 1951.
   25.

DESNOS Robert (France, 1900-1945)

Son engagement dans la résistance devait le conduire à la mort lente dans un camp de concentration. Son génie verbal marqua le mouvement sur-réaliste et son lyrisme très personnel laisse libre cours à l'humour et à la fantaisie.
Corps et biens, 1930 ; *Chantefables et Chantefleurs*, 1944.
   241.

DONNE John (Angleterre, 1573-1631)

Il mena d'abord une vie mondaine, célébrant avec originalité l'épicurisme, puis, devenu prédicateur anglican, il composa des poèmes religieux dans le même esprit de liberté, sans respect des conventions poétiques.
L'Anatomie du monde, 1610 ; *Sonnets sacrés*, 1633.
   92, 93.

DROSTE-HÜLSHOFF Annette (Allemagne, 1797-1848)

Très jeune, elle montra des dons exceptionnels pour le dessin, la musique et la poésie. Ses poèmes, au lyrisme passionné et angoissé, traduisent son exaltation, sa soif de vivre et sa quête de Dieu.
Poésies, 1838.
   64, 65.

DUNE Edmond (Luxembourg, 1914))

Orphelin dès son plus jeune âge, soldat dans la Légion Étrangère, puis dans l'armée britannique, il participa à la libération de l'Europe avant de devenir journaliste à Radio-Luxembourg. Il est le plus grand poète luxembourgeois de sa génération, un poète qui excelle dans le vers comme dans la prose, un poète inventif d'une infinie richesse de sentiments.
Brouillard, 1956 ; *Almanach*, 1969 ; *Des rives de l'aube aux rivages du soir*, 1974.
322.

ELIOT Thomas Stearns (Angleterre, 1888-1965)

L'itinéraire spirituel et poétique de T.S. Eliot, qui touche à tous les domaines et à tous les genres, se révèle d'une étonnante diversité. Si, de son vivant, son œuvre de plus en plus hermétique et allusive fut souvent incomprise, la postérité lui a rendu justice et le considère comme un des poètes majeurs universels.
La Terre désolée, 1922 ; *Les Quatre Quatuors*, 1935-1943 ; *Le Livre des chats*, 1939.
122, 123.

ELSKAMP Max (Belgique, 1862-1931)

Attaché aux racines de ses Flandres natales, bourgeois d'Anvers, profondément catholique, Max Elskamp a marqué toute son œuvre de sa curieuse personnalité, dans un style identifiable entre tous, aux tours savamment naïfs, un style qui rappelle les peintures des grands Primitifs flamands.
Enluminures, 1898 ; *Les Délectations moroses*, 1923.
135.

ELUARD Paul (France, 1895-1952)

Reconnu comme l'un des grands poètes de la première moitié du XXᵉ siècle, il participa activement au Surréalisme avant d'être attiré par l'engagement politique. Ses alliances d'images neuves, ses rythmes subtils font de lui un novateur essentiel dans l'évolution de la poésie.
Le Phénix, 1952 ; *Poésie ininterrompue*, 1953.
239.

ENSCH José (Luxembourg, 1942)

Professeur de littérature à l'Université, essayiste, critique et animatrice active dans le domaine poétique et la recherche, José Ensch a publié régulièrement dans de nombreuses revues de la francophonie.
323.

FERGUSON Samuel (Irlande, 1810-1886)

Député, juriste, expert en archéologie, il sut admirablement transposer en langue anglaise, à travers une très abondante production de haute qualité, le folklore de sa terre natale.
Poèmes, 1963, réédition de ses œuvres complètes.
272, 273.

FOMBEURE Maurice (France, 1906-1981)

Harmonieuse, mélodieuse, fantaisiste et inventive par-dessus tout, son œuvre est révélatrice des goûts éclectiques du poète : la célébration des sentiments essentiels, la communion avec les éléments, la sagesse terrienne, les choses et les gens simples d'ici-bas, les joies et les douleurs de l'homme.
Pendant que vous dormez, 1953 ; *À dos d'oiseau*, 1971 ; *Une forêt de charmes*, 1975.
243.

FORT Paul (France, 1872-1960)

Élu *Prince des Poètes* en 1912 par ses pairs, c'est sous le titre général de *Ballades françaises* (17 tomes) qu'il a publié inlassablement des poèmes pleins de verve, de fraîcheur naïve, de bonne humeur, le moindre événement ou le moindre élément de la vie étant pour lui source de poésie.
Ballades françaises, 1896-1958.
236.

FRANÇOIS D'ASSISE saint (Italie, 1182-1226)

Humble petit moine d'Ombrie, le *Poverello* fut l'ami des pauvres, des déshérités, des oiseaux, de la Création entière, miroir de Dieu. Son œuvre, d'une simplicité et d'une ferveur bouleversantes, reflète l'âme naïve et le langage du peuple.
Laudes Domini de Creaturis, 1224.
288, 289.

GARCIA LORCA Federico (Espagne, 1898-1936)

Magicien de la langue, il sut marier intimement l'héritage populaire du folklore avec l'art poétique moderne, les inventions du Surréalisme avec les thèmes traditionnels de l'Andalousie, la simplicité apparemment naïve avec la poésie savante. Il mourut fusillé par la Garde franquiste au début de la terrible guerre civile qui ravagea sa patrie.
Chansons, 1921 ; *Romancero gitan*, 1928.
208, 209.

GEORGE Stefan (Allemagne 1868-1933)

Empreinte d'un sentiment de religiosité, romantique à ses débuts, puis parnassienne, son œuvre, d'une extrême variété dans les thèmes, sévèrement travaillée et longuement méditée, marque une volonté de maîtriser la vie et l'art. Stefan George, dont l'influence fut considérable, a renouvelé le lyrisme.
Pèlerinages, 1891 ; *Le Nouveau Règne*, 1928.
74, 75.

GEZELLE Guido (Belgique, 1830-1899)

Prêtre, génie au chant passionné, intimiste, mystique, il célèbre dans la simplicité savante et avec le même bonheur dans la réussite la création, la divinité, l'amitié, les brumes et les lumières humides de son terroir : Bruges.
Poèmes, chansons et prières, 1862 ; *Guirlande du temps*, 1893.
152, 153.

GOETHE Johann Wolfgang von (Allemagne, 1749-1832)

Il domina la poésie allemande par ses dons artistiques éclatants, ses facultés de revouvellement, l'adéquation parfaite de sa pensée et de ses sentiments à leurs formes d'expression.
Lieder, 1769 ; *Divan occidental-oriental*, 1814-1816.
   42, 43, 46, 47.

GOFFIN Robert (Belgique, 1898)

Grand voyageur, esprit séduit par le cosmopolitisme, il utilise avec le même bonheur la prosodie classique, le vers libre aux rythmes syncopés ou l'ample verset.
La Proie pour l'ombre, 1935 ; *Le Voleur de feu*, 1950 ; *Sources du ciel*, 1964.
   140.

GOSSAERT Geerten (Pays-Bas, 1884-1958)

Métaphysique et religieuse, son œuvre lui valut la réputation de plus grand poète protestant de sa génération. Une œuvre un peu solennelle où les thèmes profanes se mêlent cependant aux thèmes religieux pour exalter une élévation vers la sérénité de l'âme, dans une langue fluide, musicale et très imagée.
Expériences, 1919.
   338, 339.

GRUNDTVIG Nicholas Frederik Severin (Danemark, 1783-1872)

Prêtre, il composa de nombreux psaumes et hymnes qui se chantent encore dans les écoles et les églises. Il exerça une activité pédagogique et culturelle de premier ordre.
Recueil d'hymnes, 1870.
   176, 177.

GUILLÉN Jorge (Espagne, 1893)

Savante, dense, épurée, telle est la poésie de Jorge Guillén, un perfectionniste qui n'a cessé de remanier inlassablement son œuvre, à l'exemple de Paul Valéry dont il fut le traducteur.
Cantico, 1936. *Clamor*, 1950.
   206, 207.

HAES Jos de (Belgique, 1920)

Sa poésie exprime dans une forme traditionnelle soignée les sentiments, les émotions et les idées du monde contemporain.
Formes, 1950.
   162, 163.

HAULOT Arthur (Belgique, 1913)

Sa poésie, de facture généralement classique, chargée d'expérience humaine, affirme la valeur et la dignité du courage, de la liberté (le poète fut déporté par le régime nazi), de la tendresse et de la joie de vivre.
Départ, 1963 : *Plaisirs d'amour*, 1987.
   30.

HEINE Heinrich (Allemagne, 1797-1856)

Au lyrisme mélancolique, il mêle toujours l'humour et sait se moquer de sa sentimentalité. Il a écrit les vers les plus musicaux de la langue allemande et a composé les plus beaux poèmes sur le thème de la mer.
Le Livre des chants, Intermezzo, Le Retour, Mer du Nord, 1827.
   66, 67.

HENSEN Herwig (Belgique, 1917)

Poète et auteur de théâtre aux œuvres multiples, Herwig Hensen a fait dans sa poésie une large place aux idées philosophiques et morales, sans céder jamais au didactisme. C'est, par son extrême sensibilité, l'un des plus grands poètes de la Belgique flamande, sinon le plus grand.
Le chemin se rétrécit au bout, 1965 ; *Entre désespoir et enchantement*, 1976.
   160, 161.

HERMLIN stephan (Allemagne, 1915)

Magicien du verbe, poète d'une exigence à la recherche d'une perfection formelle rigoureuse qu'il met au service de thèmes modernes, il est, avec Johannes R. Becher, Bertolt Brecht, Georg Maurer et Louis Fürnberg, l'un des plus grands et des plus doués parmi ceux qui avaient choisi l'Allemagne de l'Est.
L'amour ne fait que commencer, 1961.
   80, 81.

HERZBERG Judith (Pays-Bas, 1934)

Elle est sans doute la poétesse la plus connue et la plus représentative de sa génération par sa riche sensibilité et la musicalité de la langue classique et limpide qu'elle emploie.
Beemdgras, 1968.
   344, 345.

HÖLDERLIN Friedrich (Allemagne, 1770-1843)

Après avoir exalté les idéaux humanitaires et s'être enthousiasmé pour la Révolution française, il a évoqué avec nostalgie le monde harmonieux de la Grèce antique avant de sombrer dans la folie.
Chants nocturnes, 1805 ; *Élégies et hymnes*, 1790-1792 ; *Odes*, 1799-1801.
   54, 55.

HOMÈRE (Grèce, ıxᵉ siècle avant notre ère)

Six villes se disputent l'honneur de l'avoir vu naître. Selon la légende, vieillard aveugle, il récitait ses épopées devant ses auditeurs venus de la Grèce entière.
Iliade ; Odyssée.
250, 251.

HOUDELOT Robert (France, 1912)

Lié au groupe des *Poètes Fantaisistes*, poète de charme et soucieux de la musicalité de la langue, il a réuni ses œuvres éparses sous le titre :
Le Laurier noir, 1984.
37.

HUGO Victor (France, 1802-1885)

C'est le plus célèbre et le plus fécond des poètes français, celui à qui vont encore les suffrages des lecteurs et de la plupart des poètes contemporains. Son œuvre monumentale, d'une infinie variété, peut exceller aussi bien dans la confidence élégiaque que dans la vision hallucinée des mondes invisibles.
Les Contemplations, 1856 ; *Les Chansons des rues et des bois*, 1865.
11, 230.

HUMEAU Edmond (France, 1907)

Membre et animateur de la revue *La Tour de Feu*, c'est un poète d'une farouche indépendance, un poète au lyrisme baroque des plus personnels.
Le Temps dévoré, 1982.
23.

JEAN DE LA CROIX saint (Espagne, 1542-1591)

C'est en prison que ce réformateur de l'ordre des Carmes Déchaussés, en butte à d'incessantes persécutions de la hiérarchie ecclésiastique, écrivit ses poèmes mystiques, chefs-d'œuvre du Siècle d'Or espagnol. Le lecteur peut y retrouver son itinéraire spirituel dans un style sensuel et exalté.
Le Cantique spirituel, 1618.
188, 189.

JIMÉNEZ Juan Ramón (Espagne, 1881-1958)

Prix Nobel 1956, Jiménez est l'auteur de *Platero et moi*, récit en prose qui a fait les délices des enfants du monde entier. Sa poésie évolua de l'inspiration populaire et symboliste de ses débuts à une écriture plus exigeante dans ses dernières œuvres à coloration mystique.
Sonnets spirituels, 1917 ; *Dieu désiré et désirant*, 1949.
202, 203.

JONCKHEERE Karel (Belgique, 1906)

Poète et prosateur très fécond, Karel Jonckheere est un maître de la langue poétique, un poète remarquable pour son esprit étincelant et souvent caustique.
Miroir de la mer.
158, 159.

JOYCE James (Irlande, 1882-1941)

Surtout connu comme « inventeur » du roman moderne, il vécut une vie d'exilé cosmopolite et composa cinq recueils de poèmes (qu'il considérait comme un jeu) où s'expriment, sur le mode mineur, la plainte amoureuse et le désenchantement d'une conscience spectatrice du monde.
Musique de chambre, 1907 ; *Dix sous de poèmes*, 1927.
276, 277.

KAMMANS Louis-Philippe (Belgique, 1912-1972)

Poète de la discrétion, de la clarté classique, du lyrisme contenu, c'est une des voix les plus attachantes de la francophonie.
Poisons des profondeurs, 1970.
35.

KAZANTZAKIS Nicos (Grèce, 1883-1957)

L'œuvre majeure de la vie de ce romancier fécond est l'*Odyssée* (1925-1938), épopée des temps modernes composée de 33 333 vers de 17 syllabes dont le héros Ulysse est Kazantzakis lui-même, un être en fuite et en quête perpétuelles, à la recherche d'expériences de quatre ordres : amoureux, moral, politique et métaphysique.
256, 257.

KIESEL Frédéric (Belgique, 1923)

Journaliste et critique littéraire, grand voyageur, il a publié des recueils sensibles qui évoquent les secrètes correspondances entre la nature et l'intuition spirituelle.
Ce que le jour m'avait donné, 1954 ; *Nous sommes venus prendre des nouvelles des cerises*, 1982.
36.

KINGO Thomas (Danemark, 1634-1703)

Évêque de Fionie, Thomas Kingo a laissé des *Cantiques* (1681) dans lesquels il exprime le sentiment aigu des contrastes et des contradictions qui marquent la vie des hommes.
168, 169.

KIPLING Rudyard (Angleterre, 1865-1936)

Né à Bombay, issu d'un milieu anglo-indien cultivé, prix Nobel 1907, le célèbre conteur et romancier publia des poèmes satiriques, puis des *Ballades* d'un réalisme brutal sur des rythmes de chansons populaires.
Ballades et Chansons de la Chambrée, 1892 ; *Récompenses et Fées*, 1910.
118, 119.

KOLTZ Anise (Luxembourg, 1928)

Membre de l'Académie Mallarmé et du PEN Club de Belgique, elle a traduit en allemand Léopold Sédar Senghor et publié une quinzaine de recueils personnels, la plupart en langue allemande.
Spuren nach innen, 1960 ; *Le jour invente*, 1975 ; *La terre monte*, 1980.
326, 327.

LABÉ Louise (France, 1526-1565)

Expression parfaite de la sensualité et de la passion amoureuse, la poésie frémissante de la Lyonnaise Louise Labé, dépouillée de tout artifice rhétorique, nous touche par sa densité et sa vérité.
Sonnets ; Élégie, 1556.
226.

LA FONTAINE Jean de (France, 1621-1695)

Ses fables sans cesse rééditées et dont le succès ne s'est jamais démenti révèlent la sagesse malicieuse et volontiers pessimiste d'un poète analyste des mœurs, d'un fabuliste souvent imité mais jamais égalé.
Fables, 1668, 1677.
227.

LAMARTINE Alphonse de (France, 1790-1869)

Célèbre dès 1820, il devint l'apôtre du christianisme social et libéral. La fluidité de ses vers harmonieux, la transparence de sa poésie, souvent élégiaque, enchantèrent sa génération.
Les Méditations poétiques, 1820 ; *Les Harmonies poétiques et religieuses*, 1830.
228.

LARBAUD Valéry (France, 1881-1957)

Traducteur des écrivains de langue anglaise, grand voyageur fortuné, il a évoqué dans son recueil *Poésies de A.O. Barnabooth*, 1908, les émerveillements et les nostalgies des grands voyages.
14.

LEOPARDI Giacomo (Italie, 1798-1837)

De santé fragile, Leopardi le solitaire vécut une existence brève et douloureuse, tourmentée par l'angoisse, la maladie, la pauvreté puis la misère. Génie précoce, il est sensible à l'absurdité de la condition humaine, au désespoir et à la solitude de l'homme au sein d'une nature indifférente à ses malheurs.
L'Infini, 1819 ; *Chants*, 1831.
298, 299.

LEOPOLD J.H. (Pays-Bas, 1865-1925)

Il fut l'un des poètes marquants de sa génération.
Scherzo, 1920 ; *Œuvres complètes*, 1967.
334, 335.

LIBBRECHT Géo (Belgique, 1891)

Grand voyageur et homme d'affaires, Géo Libbrecht est le spectateur et le témoin d'un monde fait de contradictions, un monde qu'il observe avec humour et sympathie, dans une langue simple et précise qu'il manie avec maîtrise.
Livres cachés, 8 tomes, 1959 à 1971.
137.

LOPE DE VEGA Felix (Espagne, 1562-1635)

Culture prodigieuse, production exceptionnelle (1800 comédies, 400 pièces religieuses) Lope de Vega est d'abord un poète, un poète au tempérament exubérant qui pratiqua tous les genres, du burlesque au drame.
Le Romancero spirituel, 1634.
190, 191.

LOVER Samuel (Irlande, 1775-1847)

Sous ce pseudonyme se cache l'homme politique Daniel O'Connell, maire de Dublin qui imposa ses méthodes de résistance passive, rejetant toute violence et respectant la légalité, et qui sut donner à l'Irlande l'impulsion qui la conduisit à l'indépendance.
Metrical Tales, 1860.
268, 269.

MACHADO Antonio (Espagne, 1875-1939)

Il concevait la poésie comme « une profonde palpitation de l'esprit », fondée sur l'intimisme. Une poésie simple qui chante l'âme de la Castille, le mystère divin et l'amour humain. Engagé aux côtés des Républicains, il mourut en exil à Collioure.
Solitudes, 1907 ; *Champs de Castille*, 1912.
200, 201.

MAETERLINCK Maurice (Belgique, 1862-1949)

Auteur de livres sur les abeilles et les fourmis, auteur aussi d'ouvrages de réflexion philosophique, auteur dramatique innovateur, prix Nobel 1911, il est en tout poète, musicien, magicien de la langue.
Les Terres chaudes, 1899 ; *Douze chansons*, 1896.
136.

MAGRELLI Valerio (Italie, 1957)

Grand connaisseur de la poésie italienne, né à Rome, il est critique littéraire et a traduit en français bon nombre de poètes italiens contemporains.
Ora serrata retinae, 1980 ; *Nature e venature*, 1987.
314, 315.

MARSMAN Hendrik (Pays-Bas, 1899-1940)

Influencé par l'expressionnisme venu d'Allemagne, il définissait ainsi sa poésie : « Royaume plus calme et plus durable que celui où nous vivons, elle a, pour la vie humaine, plus de valeur que la plus belle invention technique. » Écrite en un style lyrique puissamment rythmé, son œuvre exerce encore une influence sur les jeunes poètes néerlandais.
Porta nigra, 1934 ; *Œuvres complètes*, 1945.
340, 341.

MÉDICIS Laurent de, dit « le Magnifique » (Italie, 1449-1492)

Il fit de Florence la cité de la beauté, des arts, de la paix, d'une joie de vivre qu'il célébra avec verve, allégresse et musicalité.
Chansons carnavalesques, s.d. ; *Ballades*, s.d.
294, 295.

MICHEL Louise (France, 1830-1905)

Institutrice, elle adhéra à la Première Internationale et participa à la Commune de Paris en 1871, fut déportée à Nouméa en 1873, amnistiée en 1880. « La Bonne Louise » que Verlaine célébra a milité sa vie entière pour les causes humanitaires et le prolétariat. Elle laisse des poésies, des souvenirs et des romans.
A travers la vie, 1894.
34.

MOGIN Jean (Belgique, 1921-1985)

Auteur de théâtre, directeur des programmes de Radio-Bruxelles, il a publié des recueils de poésie à l'atmosphère étrange et souvent baroque.
Pâturages du silence, 1956 ; *Le Naturel*, 1974 ; *Maison partout*, 1985.
148.

MONOD François (France, 1920-1961)

Il vécut aux États-Unis, s'engagea dans les armées de la France Libre en 1942 et fut journaliste. Disparu prématurément, il laisse une œuvre empreinte de mélancolie et de tendresse.
Poèmes, 1963.
  32.

MONTALE Eugenio (Italie, 1896-1981)

Journaliste, puis bibliothécaire, révoqué par le régime fasciste, il devint en 1945 critique musical et littéraire. Chef de file depuis 1920 d'un mouvement poétique qualifié d'« hermétique » (au pessimisme marqué et à la langue dense et laconique), il nous a légué une œuvre angoissée, au lyrisme très contrôlé, réputée difficile et sévère.
Os de Seiche, 1925 ; *Satura*, 1970.
  310, 311.

MOORE Thomas (Irlande, 1779-1852)

Poète à succès, ami de Byron, partisan de l'unité et de l'indépendance de l'Irlande, il fut sacré chantre national de l'Irlande.
Poème de Thomas Little, 1801 ; *Mélodies irlandaises*, 1807.
  270, 271.

MORGENSTERN Christian (Allemagne, 1871-1914)

Traducteur et poète satirique à l'humour noir, il laisse aussi de remarquables poèmes d'inspiration mystique.
Galgenlieder ; Nous avons trouvé un chemin, 1914.
  76, 77.

MÖRIKE Eduard (Allemagne, 1804-1875)

Doux pasteur et peu capable d'assumer la charge d'une paroisse, éternel fiancé, gentil lunaire, Mörike est un poète charmant, d'une délicieuse naïveté, un de ceux qui surent garder intact l'esprit d'enfance.
Ballades et Poésies, 1838.
  68, 69.

MUSSET Alfred de (France, 1810-1857)

Enfant prodige, sa liaison malheureuse avec George Sand fut pour lui le début de ses désillusions et de son insatisfaction profonde. Sa poésie, d'abord primesautière et souriante, s'orienta vite vers l'amertune douloureuse et il sut traduire, mieux que personne, « le mal du siècle ».
Les Nuits, 1835-1837 ; *Poésies nouvelles*, 1840.
  232.

NERUDA Pablo (Chili, 1904-1973)

Prix Nobel de littérature, diplomate, il a connu le monde entier. C'est le poète de la terre, des éléments, de la fraternité, de la vie au quotidien mais transfigurée par son ardent lyrisme.
Résidence sur la terre, 1933 ; *Chant général*, 1950.
26.

NEUHUYS Paul (Belgique, 1897)

Poète à l'œuvre chatoyante, à l'ironie décapante, fantaisiste souvent cocasse, « fragile ajusteur des mots » (ainsi qu'il se qualifie), Paul Neuhuys étonne par ses feux d'artifice langagiers, passant de l'éclat de rire au discret murmure élégiaque, du sourire complice à la confidence grave.
On a beau dire, 1984.
139.

NIETZSCHE Friedrich (Allemagne, 1844-1900)

Le philosophe et essayiste célèbre, l'imprécateur caustique et critique a souvent fait oublier que Nietzsche était aussi un poète sensible, musical et volontiers spiritualiste.
Poèmes, 1894, 1898, 1899.
40, 70, 71.

NOËL Marie (France, 1883-1967)

Elle vécut à l'ombre de la cathédrale d'Auxerre, publiant avec régularité une œuvre d'inspiration chrétienne, douloureuse dans la discrétion, alliant la musicalité à une naïveté très étudiée et à une sensibilité élégiaque.
Les Chansons et les Heures, 1920 ; *Les Chants d'arrière-saison*, 1961.
237.

NOPPENEY Marcel (Luxembourg, 1877-1966)

Chef de file de la poésie d'expression française au Luxembourg, défenseur de la langue française, emprisonné par les Allemands de 1915 à 1918, déporté à Dachau pendant la Seconde Guerre mondiale, tous ses manuscrits ayant été brûlés par la Gestapo, historien, éditeur et journaliste, Marcel Noppeney fut aussi un poète malicieux, ironique et discret.
Le Prince Avril, 1907 ; *Signes sur le sable*, 1949.
320.

NORGE Géo (Belgique, 1898-1990)

La poésie de Norge est nourrie d'observation familière, sarcastique, cocasse. Son œuvre joue acrobatiquement de la rime et de la musique de la langue, langue qu'il maîtrise et façonne avec génie, œuvre à l'écart des modes littéraires et qui reflète un univers concret, quotidien, peuplé de gens simples.
Poésies complètes, 1978.
141.

NOVALIS Friedrich (Allemagne, 1772-1801)

Marqué par la mort de sa fiancée, il donna alors libre cours à une exaltation mystique qui mêle le sentiment profond de la nature à la foi chrétienne.
Cantiques, 1799 ; *Hymnes à la nuit*, 1800.
   56, 57.

ORLÉANS Charles d' (France, 1394-1465)

Il appartenait à la famille royale mais ne régna jamais car il dut rester vingt-cinq ans en captivité en Angleterre après la bataille d'Azincourt. Ce grand poète du Moyen Age chante l'exil, la solitude, la fuite du temps, la mélancolie et le mal du pays.
Rondeaux, Ballades et autres poésies, s.d.
   221.

PALGEN Paul (Luxembourg, 1883-1966)

Il a chanté en vers colorés et puissants la peine des hommes, les paysages industriels, le Brésil, il a dénoncé l'horreur de la guerre.
Les Seuils noirs, 1918 ; *Oratorio pour la mort d'un poète*, 1957.
   22, 321.

PESSOA Fernando (Portugal, 1888-1935)

Il passa son enfance en Afrique du Sud et mena, à Lisbonne, une existence discrète et retirée, écrivant sous trois pseudonymes ou sous son nom d'état-civil des poèmes aux styles très différents, révélateurs de sa quadruple personnalité. Moderniste convaincu, il est aujourd'hui traduit dans une trentaine de langues.
Gardeur de troupeaux, 1914 ; *Ode maritime*, 1915.
   354, 355.

PÉTRARQUE François (Italie, 1304-1374)

Après la mort de Dante il ralluma le flambeau de la poésie. Étudiant en France, il y rencontra Laure, la passion de sa vie. Éternel errant à l'âme tourmentée, philosophe amoureux de la vie, il n'en fut pas moins hanté par l'idée de la mort.
Le Chansonnier, 1470.
   292, 293.

PLISNIER Charles (Belgique, 1896-1952)

Romancier à succès, convaincu que le rôle de l'écrivain est de « rendre compte du monde », il laisse une œuvre lyrique ardente, engagée à gauche et d'une brutale sincérité.
Sel de la terre, 1936 ; *Brûler vif*, 1957.
   20.

PRÉVERT Jacques (France, 1900-1977)

Ennemi de toutes les formes d'oppression, non conformiste, esprit lucide et cœur sensible, Jacques Prévert passe avec désinvolture de la violence à la tendresse, de l'indignation véhémente à l'ironie cocasse.
Paroles, 1946; *Spectacle*, 1951; *Fatras*, 1965.
242.

PRÉVÔT Gérard (Belgique, 1922-1975)

Poète et romancier, Belge d'expression française, il laisse une œuvre de poésie limpide et généreuse, lucide et grave, d'une facture généralement classique.
Récital, 1951; *Danger de mort*, 1954; *Europe maigre*, 1960.
31.

QUASIMODO Salvatore (Italie, 1901-1968)

D'origine très pauvre, il dut interrompre ses études pour apprendre seul et devint professeur de littérature italienne puis critique de théâtre. Son œuvre évolua du classicisme inspiré de l'Antiquité au symbolisme puis à l'hermétisme.
Eaux et Terres, 1930; *La Terre incomparable*, 1958.
312, 313.

QUEVEDO Francisco de (Espagne, 1580-1645)

Il fut le poète le plus caustique de son temps, un grand maître du baroque européen en littérature et du roman picaresque.
Rondeaux satiriques, 1605; *Les Songes*, 1627.
192, 193.

RIMBAUD Arthur (France, 1854-1891)

Enfant fugueur et révolté, génie précoce et provocateur, lié à Verlaine par une amitié passionnée et orageuse, il cesse d'écrire à l'âge de 32 ans pour mener en Afrique et au Moyen-Orient une vie d'aventurier. Il reviendra en France pour y mourir de la gangrène à l'hôpital de Marseille.
Les Illuminations, 1886; *Poésies*, 1891.
235.

RITSOS Yannis (Grèce, 1909-1990)

Le plus fréquemment lu en Grèce, le plus régulièrement traduit en France, il a écrit plus de 70 recueils où dominent l'autobiographie, les préoccupations sociales et politiques, le rêve.
Tracteur, 1934; *Épreuve*, 1943; *Oreste*, 1963.
262, 263.

RODENBACH Georges (Belgique, 1855-1898)

Ami de Verhaeren, d'Edmond de Goncourt, de Mallarmé, il a su, dans la singularité de son œuvre toute en musique intérieure et en demi-teinte, res-

tituer ses rêveries mélancoliques dans la brumeuse atmosphère de sa Belgique.
Le Règne du silence, 1891 ; *Vies encloses*, 1896 ; *Le Miroir du ciel natal*, 1898.
132.

ROMAINS Jules (France, 1885-1972)

Le romancier des *Hommes de Bonne Volonté* et l'auteur de théâtre *(Knock)* ont
trop souvent occulté le poète novateur, inventif, qui jamais n'abandonna l'écriture
poétique.
L'Homme blanc, 1932 ; *Europe*, 1915.
15, 16.

RONSARD Pierre de (France, 1524-1585)

Poète le plus célèbre et le plus fêté de la Renaissance, il commença très jeune une
longue carrière riche en œuvres diverses qui abordent avec une parfaite maîtrise
tous les thèmes et tous les genres.
Les Amours, 1552 ; *Sonnets pour Hélène*, 1578.
225.

ROY Claude (France, 1915)

La poésie de Claude Roy, de facture classique dans sa première manière, coule de
source, pleine de trouvailles, de fantaisie, d'images et de situations drôles ou
cocasses lorsqu'il destine certains de ses recueils à la jeunesse.
Un seul poème, 1954 ; *Enfantasques*, 1971 ; *Nouvelles enfantasques*, 1978.
244.

SABA Umberto (Italie, 1883-1957)

Antifasciste de la première heure, Umberto Saba a défini le processus de son art
comme « un effort continu de simplification visant à l'expression limpide des
sentiments essentiels ».
Prélude et fugue, 1928 ; *Oiseaux*, 1948.
300, 301.

SA CARNEIRO Mario de (Portugal, 1890-1916)

Profondément inadapté, au bord de la folie parfois, il choqua d'abord par des
poèmes au langage inhabituel qui conservaient cependant la forme traditionnelle.
Au cours d'une crise de dépression, il se suicida à Paris.
Dispersion ; Poésies, 1920
356, 357.

SALINAS Pedro (Espagne, 1892-1951)

Professeur d'Université, il quitta l'Espagne en 1936 pour gagner l'Amérique. Il
est l'auteur d'une œuvre lyrique intimiste qui chante l'amour et les secrets de l'âme
humaine.
Présages, 1923 ; *Raison d'amour*, 1936.
204, 205.

SCHILLER Friedrich (Allemagne, 1759-1805)

Dramaturge et poète, il est l'un des plus grands romantiques. Son œuvre poétique au lyrisme fougueux est dominée par un sentiment hautain de solitude contemplative.
Ballades, 1797 ; *Le Chant de la cloche*, 1799.
49, 50, 51.

SÉFÉRIS Georges (Grèce, 1909-1971)

Pessimiste et mélancolique avec au fur et à mesure de son évolution une tendance à l'hermétisme, diplomate, prix Nobel 1963, il abandonna la métrique et la rime traditionnelles dès 1932 pour créer son style personnel.
Tournant, 1931 ; *Citerne*, 1932 ; *Mythologie*, 1935.
260, 261.

SHAKESPEARE William (Angleterre, 1564-1616)

Le plus célèbre auteur dramatique d'Angleterre publia sept ans avant sa mort ses *Sonnets* (1609) dans lesquels se retrouve la quintessence de ses thèmes de théâtre : méditation lyrique sur la beauté fragile, la fuite du temps, l'amour, les passions humaines, la mort.
90, 91.

SODENKAMP Andrée (Belgique, 1906)

Née de père hollandais et de mère belge, professeur d'histoire puis inspectrice des bibliothèques, Andrée Sodenkamp mêle harmonieusement dans ses recueils son amour sensuel de la vie et son angoisse devant le tragique de la condition humaine.
Sainte terre, 1954 ; *Femmes des longs matins*, 1972 ; *La Fête debout*, 1973.
145.

SUPERVIELLE Jules (France, 1884-1960)

Il partagea son existence entre l'Amérique du Sud et la France. Poète jusque dans ses pièces de théâtre et ses récits, il a publié de nombreux recueils d'une poésie fraternelle, d'une profonde humanité, d'un équilibre harmonieux où affleure souvent le fantastique quotidien.
Débarcadères, 1922 ; *La Fable du monde*, 1938.
24, 238.

TARDIEU Jean (France, 1903)

Homme de radio, auteur dramatique novateur, passionné par le langage, souvent humoriste et cocasse, il n'a jamais cessé, parallèlement à ses autres activités, de publier des poèmes.
Le Fleuve caché, 1933 ; *Margeries*, 1986.
28.

TENNYSON Alfred (Angleterre, 1809-1892)

Âme mélancolique, auteur fécond en œuvres descriptives harmonieuses, poète idéaliste confiant en l'avenir spirituel de l'humanité, soucieux de perfection formelle, il fut le plus célèbre des poètes de l'époque victorienne.
Poésie, 1842 ; *In memorian*, 1850.
112, 113.

THIRY Marcel (Belgique, 1897-1977)

Dans son œuvre abondante, exigeante et maîtrisée, volontiers portée à la méditation philosophique, il a parfaitement réussi à dégager tout le merveilleux et le tragique du monde moderne, passionné qu'il était par son époque trépidante et bouleversée.
Toi qui pâlis au nom de Vancouver, Œuvres poétiques, 1924-1975.
138.

TORGA Miguel (Portugal, 1907)

Médecin à Coimbra, auteur de nouvelles, de pièces de théâtre, de romans et d'un journal intime, il a publié 16 volumes de poèmes. Sa poésie est une célébration de « l'homme de chair et d'os, cet arbre à deux pieds », en une langue des plus transparentes, sur des rythmes originaux sans cesse renouvelés.
Anxiété, 1928 ; *Libération*, 1944 ; *Odes*, 1946.
358, 359.

UNAMUNO Miguel de (Espagne, 1864-1936)

Analyste brillant du « sentiment tragique de l'existence », il devint le guide spirituel de ses cadets qu'il influença par son œuvre faite de mysticisme inquiet, dans une langue concise et sobre.
Poésies, 1907 ; *Le Christ de Vélasquez*, 1920.
198, 199.

UNGARETTI Giuseppe (Italie, 1888-1970)

Parti du Futurisme (doctrine d'action lyrique chantant la beauté du monde moderne), il chercha ensuite un style moins spectaculairement artificiel qui faisait la part belle à la pure spontanéité, un style beaucoup moins fracassant, moins hétéroclite aussi, pour atteindre à une forme plus soignée, plus méditée, plus classique, au laconisme dense. Il fut aussi un grand traducteur des écrivains anglais, espagnols et français.
La Douleur, 1947 ; *La Terre promise*, 1950.
308, 309.

VAN LERBERGHE Charles (Belgique, 1861-1907)

La poésie limpide et musicale de Charles Van Lerberghe, faite de mystère, d'ombres et de lumières, est caractéristique de l'époque des Symbolistes.
Entrevisions, 1898 ; *La Chanson d'Ève*, 1904.
134.

VAN WOESTIJNE Karel (Belgique, 1878-1929)

Il fut le plus grand poète de sa génération, le plus sensible, dans une langue somptueuse très travaillée. Le thème le plus fréquent de sa poésie est la dualité de la chair et de l'esprit qu'il traite sur le ton de la confession intime.
L'homme de boue, 1920 ; *Le lac de la montagne*, 1928.
156, 157.

VERHAEREN Émile (Belgique, 1855-1916)

Lyrisme puissant et rugueux, socialisme fraternel, célébration de la beauté du monde industriel et de la noblesse de l'effort humain, telles sont les caractéristiques de l'œuvre de Verhaeren.
Les Villes tentaculaires, 1895 ; *La Multiple Splendeur*, 1906.
12, 132.

VERLAINE Paul (France, 1844-1896)

Son amitié orageuse avec son cadet Rimbaud bouleversa sa vie. Poète du raffinement syntaxique, subtil musicien de la langue, il publia d'abord des vers d'un charme aérien, des recueils graves après sa conversion à la foi chrétienne, et, sur la fin de sa vie, des poèmes doux-amers qui disent la douloureuse fragilité du bonheur terrestre. Il mourut dans la misère, victime de son goût immodéré pour l'alcool.
La Bonne Chanson, 1870 ; *Sagesse*, 1881.
234.

VILDRAC Charles (France, 1882-1971)

Chantre de la fraternité universelle, il a célébré les humbles et les bienfaits de la paix toujours menacée, dans des recueils à l'intimisme sobre.
Livre d'amour, 1910.
19.

VILLON François (France, 1431-1463?)

Mauvais garçon à la vie agitée traversée de violences, il connut la prison et même la condamnation à mort, mais fut sauvé de justesse par grâce royale de Louis XI, avant de disparaître sans laisser de trace. Il fut le grand poète de son siècle par la puissance, le réalisme et la sincérité émouvante de ses repentirs.
Lais, 1456 ; *Ballades*, s.d. ; *Testaments*, 1462.
222.

VIRGILE (Italie, 70-19 avant notre ère)

Publius Vergilius Maro suivit l'enseignement des philosophes épicuriens avant de se consacrer à la poésie. Il publia les *Bucoliques* (39 avant notre ère), œuvre d'une grande sérénité, hymne à la terre-mère et à la gloire de l'agriculture, puis les *Géorgiques* (29 avant notre ère), épopée philosophique exaltant la communion de l'homme avec la nature.
286, 287.

WELTER Nikolaus (Luxembourg, 1871-1951)

Chef de file de la poésie luxembourgeoise de langue allemande, médiateur entre la culture allemande et la culture française, historien de la littérature luxembourgeoise de langue allemande, poète à la production abondante, il a réuni ses œuvres complètes en 3 volumes, en 1924.
324, 325.

WORDSWORTH William (Angleterre, 1770-1850)

Tempérament méditatif, amoureux des lacs et des montagnes, infatigable promeneur solitaire, il est le premier romantique anglais en date.
Poèmes, 1807.
102, 103, 104, 105.

WOUTERS Liliane (Belgique, 1930)

Auteur de nombreuses pièces de théâtre, incomparable traductrice de la poésie flamande, adaptatrice du répertoire dramatique, anthologiste (*La Poésie francophone de Belgique*, 4 tomes), Liliane Wouters a publié de nombreux recueils dont l'essentiel a été réuni sous le titre *L'Aloès*, 1983. D'une sensibilité exceptionnelle, sa poésie à la prosodie régulière se veut « cri contrôlé », élégance, musique, lyrisme maîtrisé où affleure fréquemment l'inquiétude métaphysique.
149.

YEATS William Butler (Irlande, 1865-1939)

Prix Nobel 1923, poète et dramaturge, il nous a laissé une œuvre d'inspiration mystique dans laquelle les thèmes allégoriques se fondent à la magie dans un puissant souffle poétique.
The Wanderings of Oisin, 1899.
274, 275.

INDEX DES NOMS CITÉS

TABLE

396

ALLEMAGNE

BELGIQUE

DANEMARK

ESPAGNE

FRANCE

GRÈCE

IRLANDE

ITALIE